らくウマ!

どんぶりレシピ

たかはし みき

はじめに。

「どんぶり」ってどんなイメージがありますか？

わたしは まっさきに 浮かぶのが
食べ盛りの男子や男性が 牛丼や
カツ丼をわしわしと ほおばる図かな。

わたし
おいしいもの好き
イラストレーター

「手早くできて、うまい！ ボリューム満点！」という感じ。

わたしも 会社のランチでよく どんぶりを
食べるよ～。 最近カフェでも
「ライスボウル」ならぬ オシャレな どんぶりが
はやってるし！ それに 一人暮らしで自炊派に
とっては 簡単に 作れる どんぶりって
救世主なんだよ～。

友人・
ワワンちゃん
OLで一人暮らし

そうそう。そうなんだよね。簡単で なおかつ
おいしいってのが 料理ベタの わたしに
とっても うれしいところ。

主婦の わたしも「どんぶり」には 助けられて
るわー。時間のない時や献立を考えるのが
おっくうな時は よく作るの。 いろんな
組み合わせもできるし、ありあわせの材料でも
立派なメインになるところが魅力。
何より、子供もダンナも よろこぶのよね。

仲良しの
おとなりさん・
ネネコさん
お料理じょうずの主婦

そんな声を聞くと「どんぶり」っていろんなひとたちに愛され、
支持されているのがうかがえます。

「どんな組み合わせであれ、
ごはんに何かのせればそれはもう“どんぶり”」
というゆるい視点で考えれば、種類は無限。

そこで、

と

くいしんぼたちが集まって、たくさんのどんぶりレシピを調べ、
作り、試食しました。本書はそのレシピとイラストレポートです。
「混ぜてかけるだけ」の超簡単な一膳ごはんものから定番どんぶり、
おしゃれ洋風どんぶり、一風変わったどんぶり…など、
食材別にズラズラズラリと紹介していきます。

パラパラ眺めて良し、作って良し、な本なのです。

１つの器にごはんとおかずをのせて食す。
シンプルでいて究極。

目次

※分量はすべて二人分です。

※1カップは200ml（200cc）、大さじは15ml（15cc）、小さじは5ml（5cc）です。

1章

簡単どんぶり

- 卵
- 納豆
- バター
- 明太子
- とろろ
- 海藻
- 缶詰／ツナ缶
- 缶詰／その他

台所にあるものでパパッと
手軽にできちゃいます

卵

「ごはんと生卵」といえば 最強に相性良し！
味つけはいつも しょうゆ…っていう人 必見の
いろんな具材の組み合わせをご紹介します。

卵＋しば漬け

材料をごはんにのせ、お好みでしょうゆを加える。

朝食にバッチリな組み合わせ。

パリッポリッとした
漬け物の食感も
いい！
たくあんや福神漬けなど
ほかの漬け物でも
おいしいっ

卵＋韓国のり＋ごま

一口大に切った韓国のりとその他の材料をごはんにのせ、お好みで塩を加える。

調味料がたっぷりつまった
韓国のりは 普通ののりとは
一味違った味わいに。

味がうすい場合でも
シンプルに塩やごまを追加
する程度でOKよ〜
のりの風味が
生きるもんね

卵＋マヨネーズ＋七味

材料をごはんにのせ、
お好みでしょうゆを加える。

どことなくジャンクなスナックのような味。
ごはんにマヨネーズをかけるのが
平気な人にオススメです。

七味の量をふやすと
韓国風になります。

卵＋にんにくチップ＋バター

材料をごはんにのせ、しょうゆを加えて、
混ぜながらバターを溶かす。

にんにくチップはオリーブオイルに
にんにくスライスを浸し、弱火で黄金色に
なるまでじっくり揚げれば完成！

自分で作ってもおいしい！
パワーをつけたい方は
ぜひどうぞ〜。

卵＋柿ピー／卵＋ポテトチップ

材料をごはんにのせ、しょうゆを加える。

なんという組み合わせ…!?と思いつつ…
これが意外と好相性！ 柿ピーの
後引く味がごはんとマッチします。

柿ピーはくだいた
ほうが ごはんに
なじみやすいです

卵とポテトチップってのも
なかなかイケました

卵＋イカの塩辛＋豆板醤

材料をすべてごはんにのせる。

塩辛のとろみが卵とよくなじみます。
ピリッとした辛みがきいていて
つるつる食べられちゃいます。

豆板醤は卵1つに対して小さじ½くらいから、お好みで量を調整してください

卵＋ベーコン＋粉チーズ

ベーコンを1cm幅に切り、カリカリに炒める。ベーコンとその他の材料をごはんにのせ、塩こしょうを加える。

ベーコン
ベーコン
粉チーズ
塩
こしょう
この組み合わせ、ということは
「カルボナーラ」の味だ〜っ
ごはんでもイケるね〜
粗びきこしょうがあればさらに◎!

卵＋ツナマヨ

材料をごはんにのせ、お好みでしょうゆを加える。

ごはんとツナマヨの黄金コンビに
卵をプラス! 文句なしにおいしい。
しょうゆを入れると和風の味わいに。

七味を加えたり、炒めてチャーハンにしても グ〜なのです

卵＋のりの佃煮＋バター

材料をすべてごはんにのせ、好みの加減に混ぜる。

ごはんによく合う のりの佃煮を卵にイン！
バターのまろやかさが かくし味。

バターの量は卵1個につき小さじ1程度

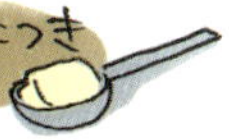

さっと混ぜても よく混ぜても 違った味わいが楽しめます

卵＋オイスターソース＋ごま油＋長ねぎ

みじん切りにした長ねぎとその他の材料をごはんにのせ、お好みで塩を加える。

うまみのつまったオイスターソースが
コクのある味にしてくれます。

オイスターソースは卵1個につき小さじ1程度が目安

卵の黄身しょうゆ漬け2個のせ

卵黄2個をしょうゆに一晩漬ける。卵黄をごはんにのせ、お好みでしょうゆを加える。

しょうゆの量は黄身がひたひたにつかるくらい。

なんとも ぜいたくな"黄身の2個のせ"！

しょうゆ漬けにすることで卵黄のこってり感が
濃厚な奥深い味わいに！

生卵が苦手な人にもいいかも、です。

納豆

定番のごはんのお供、ですよね。その納豆を
アレコレ混ぜたり、かけたりして ボリュームアップ!
忙しい時にピッタリな一膳ごはんです。

納豆+めかぶ+オクラ

オクラを塩ずりして熱湯で茹で、輪切りにする。オクラとその他の材料、添付のタレとお好みでしょうゆを混ぜ、ごはんにのせる。

ネバネバ食材トリオが
タッグを組んだ、なんとも
体によさそうな丼です。

辛みが ほしい人は
わさびを加えても

納豆+粉チーズ

納豆と粉チーズ、添付のタレを混ぜ、ごはんにのせる。お好みで上に刻みのりをかける。

粉チーズひとふりで いつもの
納豆ごはんの風味が変身!

粉チーズの程よい しょっぱさが
納豆独特のにおいを
おさえてくれます。

ほんのり鼻に
ぬけるチーズの香り…
クセになりそう

納豆＋長ねぎ＋コチュジャン

納豆とみじん切りにした長ねぎ、添付のタレを混ぜてごはんにのせ、コチュジャンを添える。

コチュジャンを入れるだけで こんなに風味が変わるんだ
甘辛さがじんわり伝わります。
コチュジャンは小さじ1/2程度から好みで調節を

納豆＋トマト

トマトをさいの目切りにする。納豆と添付のタレ、お好みでしょうゆを混ぜ、トマトと一緒にごはんにのせる。お好みで上に小口切りにした万能ねぎをのせる。

はじめ
合うのかな〜？
なんて思っていたのですが、
トマトの酸味と甘みが
納豆を すっきり まとめてくれてます！
美味〜。

納豆＋漬け物たっぷり

納豆と添付のタレを混ぜ、こまかく切った漬け物と一緒にごはんにのせる。

お好みでごまをふっても….
サクサク うンまいです。
納豆の味が強いので
漬け物をとにかくたっぷり、が ポイント！
トントントン
漬け物は、たくあん、しば漬け、奈良漬け、浅漬け、など なんでもOK.

納豆＋ツナ＋キムチ＋ごま油

キムチはこまかく切る。納豆、ツナ、ごま油と添付のタレを混ぜ、キムチと一緒にごはんにのせる。

"納豆キムチ"はポピュラーですが
ツナとごま油をプラスすることで
風味UP＆マイルドな辛みに。

お子様も
楽しめるね〜

納豆＋豆腐＋長ねぎ＋めんつゆ

木綿豆腐は30分くらい水切りし、菜ばしでほぐす。みじん切りにした長ねぎとその他の材料を混ぜ、ごはんにのせる。上にお好みでかつおぶし、一口大に切ったのりをかける。

より和風な納豆丼。
豆腐の水切りはしっかりと！が
ポイント。

納豆1パックに
豆腐½丁が
適量です

水っぽくならず
それぞれの味が
楽しめます。

納豆＋アボカド＋味噌

アボカドを半分に割って種を取り、いちょう切りにする。すべての材料と添付のタレを混ぜ、ごはんにのせる。上にお好みでざく切りにした三つ葉をのせる。

納豆と味噌って新しい!? 組み合わせ
かも。アボカドのクリーミーさと
味噌のコクがごはんに合います！

味噌はアボカド1個につき
大さじ½〜1くらい。

※味噌の種類によって味が違うので味見しながら調節を。

納豆＋とんぶり＋からし

納豆、からし、添付のタレとしょうゆを混ぜ、とんぶりと一緒にごはんにのせる。お好みで刻みのりをかける。

栄養価の高い"とんぶり"を混ぜました。
納豆の味が強いので
磯の香りはほんのりする程度。

納豆＋大根おろし＋ポン酢

すべての材料とお好みでかいわれをごはんにのせる。

さっぱり✧大人味。
納豆にポン酢って
やったことなかったな〜

夏場とか、いいかも。
大葉のせん切りを
加えても◎。

納豆＋卵＋長ねぎ＋めんつゆ

フライパンで1cm幅に切った長ねぎを炒め、めんつゆ大さじ1、納豆、溶き卵を加える。卵が半熟になったらごはんにのせ、お好みでざく切りにした三つ葉、七味をかける。

納豆を卵でとじちゃいました。
ふわっと甘くて美味〜。
火を通した納豆はぐんっと
コクがプラスされるんです。

バター

ごはんにバターといえば"バターライス"が浮かびますよね。以下のメニューはよそったごはんの熱でバターを溶かして混ぜて食べるもの。熱々のごはんで味わってみて!

●バター＋イカの塩辛＋万能ねぎ●

ごはんにバターとイカの塩辛、小口切りにした万能ねぎをのせ、混ぜながらバターを溶かす。

イカの風味、塩辛のしょっぱさに
バターのまろやかさがマッチ!

●バター＋梅干し＋のり●

ごはんにバター、種を取った梅干し、一口大に切ったのりをのせ、混ぜながらバターを溶かす。

「合うかな〜」とドキドキの味見…。

お!? 梅干しの酸味をバターが
程よくまろやかにまとめて
くれてます。

すっぱすぎる梅干しが
あまっちゃった…
なんて時にいいかも〜

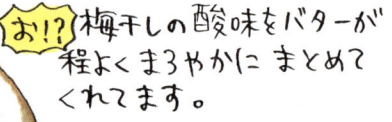

バター＋タラコ＋大葉

ごはんにバターとタラコ、せん切りにした大葉をのせ、混ぜながらバターを溶かす。

"バター＋タラコ"はパスタでよくありますよね。もちろんごはんにも よく合って美味です。
大葉の香りがさわやか〜

バター＋シラス＋のり

ごはんにバター、シラス、一口大に切ったのりとしょうゆを加え、混ぜながらバターを溶かす。

バターしょうゆごはんに シラスの塩気とのりのいい香りがドッキング。
やさしい味だから 魚ギライの小さい子にも いいね
おかわりー

バター＋のりの佃煮

ごはんに材料と、お好みでかいわれをのせ、混ぜながらバターを溶かす。

のりの佃煮の味が強いけれど、後口にほわっと バターの香りが残って 上品な味わいに。
かいわれの他に万能ねぎなどでもOK

●バター＋味噌＋万能ねぎ＋ごま●

ごはんに味噌を混ぜ、バターと小口切りにした万能ねぎ、ごまをのせる。混ぜながらバターを溶かす。

バターと味噌がこんなにごはんに合うなんて～！ とパクパクイケちゃいます。ごはんと味噌をあらかじめ混ぜておくことがポイント。

味噌は小さじ½から好みで調整してください

●バター＋かつおぶし＋めんつゆ●

ごはんに材料をすべてのせ、混ぜながらバターを溶かす。

なんともなつかしい ほっこりする味。

“ねこまんま”をまろやかにまとめた味ね～

なぜか おはしが止まらない～

●バター＋長ねぎ＋ナンプラー●

ごはんにバターとナンプラー、みじん切りにした長ねぎをのせ、混ぜながらバターを溶かす。

ナンプラーってごはんによく合う～！

と発見だった組み合わせ。

ナンプラーの塩辛さがバターで いい具合に角がとれた感じです。

ナンプラーは入れすぎ注意！ 小さじ1程度が適量。

バター＋鮭フレーク＋水菜

ごはんにバター、鮭フレーク、ざく切りにした水菜とお好みでしょうゆを加え、
混ぜながらバターを溶かす。

ごはんと鮭のベストコンビに
バターのコクがプラスされて
リッチな味わい。

水菜は万能ねぎや大葉などでも
OK！ なければ鮭フレークのみでも。

バター＋万能ねぎ＋のり

ごはんにバター、小口切りにした万能ねぎ、一口大に切ったのりをのせる。
しょうゆを加え、混ぜながらバターを溶かす。

ねぎたっっっぷりがポイント。

バターごはんはおいしいけど
ちょっと飽きてきちゃう…

なんていう人にオススメ。
ねぎが全体を
ひきしまった味に
してくれます。

バター＋ザーサイ＋ごま

ごはんにバター、ざく切りにしたザーサイ、ごまをのせ、混ぜながらバターを溶かす。

中華風ながら どことなく
洋風な味。香ばしいごまが
いいアクセントに。

味が濃い、クセがある…ような
ものによく合うのね〜
バターって

明太子

ごはんがついついすすんじゃうピリ辛さがおいしい明太子。「ごはんにのせるだけ」とはちょっと違った食べ方はいかがですか?

●めんたい豆腐丼●

材料: ●絹ごし豆腐（粗くくずす）1丁　●三つ葉（ざく切り）・めんつゆ適量
●明太子大さじ3

① フライパンで豆腐を水分がなくなるまで乾煎りし、明太子を加えて混ぜる。

② ①をごはんにのせ、上に三つ葉とめんつゆをかける。

アボカドめんたい丼

材料： ●明太子大さじ3　●大葉（せん切り）・しょうゆ適量
●アボカド（種を除いて角切り）1個

材料をすべて混ぜ、ごはんにのせる。

クリーミーなアボカドが明太子の
ピリ辛さをマイルドに。
大葉のさわやかな香りが
アクセント！

アボカドはつぶして
材料と混ぜても
おいしいよ

めんたいオニオン丼

材料： ●明太子大さじ3　●新玉ねぎ（薄切り）1/2個分
●卵黄2個　●かいわれ・しょうゆ適量

材料をすべてごはんにのせ、お好みで混ぜる。

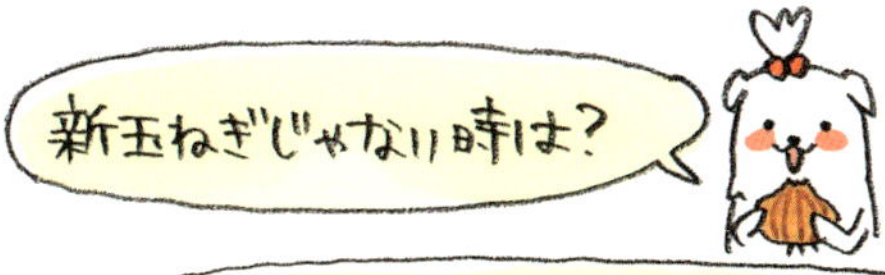
新玉ねぎじゃない時は？

普通の玉ねぎの場合、時間があれば
スライスして冷水に1時間程度浸し、
水気を切ると辛みがなくなりますヨ

魚卵と卵黄のコラボレーション。シャキッとした
玉ねぎが丼全体をまろやかになりすぎない
ようひきしめてくれてます。

とろろ

ごはんにたっぷりかけてズルズルッと豪快に食べたい！ とろろは栄養もたっぷり。少々作るのに手間がかかるから敬遠しがちだけど最近は「冷凍とろろ」なんていうのも売っているからためしてみて。

とろろ丼

材料：

- Ⓐ
  - 長いも（すりおろす）100ｇ
  - だし汁1/4カップ
  - 味噌小さじ1
- 卵黄2個
- 青のり・わさび適量

①Aをよく混ぜ、ごはんにかける。

② ①に卵黄をのせて青のりをふり、わさびを添える。

青のりがなければ刻みのりでもOK。
ごはんを炊く時に押し麦を加えると、本格的な麦とろ丼になります。

牛とろろ丼

材料：
- 牛肉200g
- 長いも（すりおろす）100g
- サラダ油適量

Ⓐ しょうゆ大さじ2 / 砂糖・みりん大さじ1

① フライパンにサラダ油を熱して牛肉を炒め、Aを加えて少々煮る。
② ごはんに①をのせ、長いもをのせる。

甘じょっぱく味つけした牛肉が
とろろによく合います。
スタミナをつけたい夏にいいかも。

牛肉は お手頃な こま切れ肉や
豚肉でも おいしい。

たたき長いも丼

① すべての材料をビニール袋に入れ、めん棒で長いもが一口大になるようたたく。
② 全体が混ざったら、ごはんにのせる。

材料：
- 長いも（皮をむく）100g
- 梅干し（種を取る）1個
- とんぶり大さじ2
- しょうゆ小さじ2
- みりん小さじ1

こうすることで
長いものシャキシャキ感が
残り、味がなじみやすい。

梅干しの酸味が ほのかに
きいた 体に良さそうな
ヘルシーねばねば丼。

海藻

ローカロリーでヘルシーな海藻は
サラダにスープに大活躍。そんな
海藻たちが主役になった丼です。

さっぱり海藻丼

材料：
- 海藻ミックス（乾燥）10g
- 桜エビ大さじ2
- Ⓐ ポン酢・ごま油大さじ2
  しょうが（すりおろす）小さじ2
  塩適量

① 海藻ミックスは水で戻し、水気を切る。

海藻ミックス
ザバー

② ①、桜エビをAであえ、ごはんにのせる。

すりおろし しょうが
ポン酢
ごま油
塩

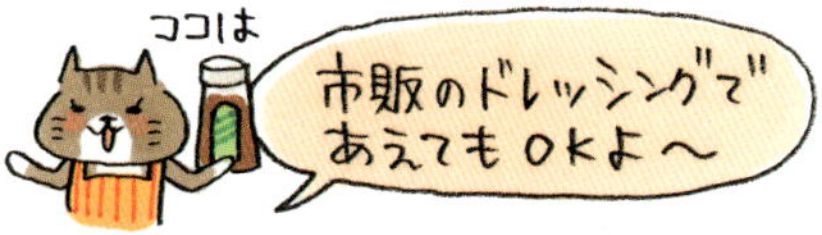

ココは
市販のドレッシングであえてもOKよ〜

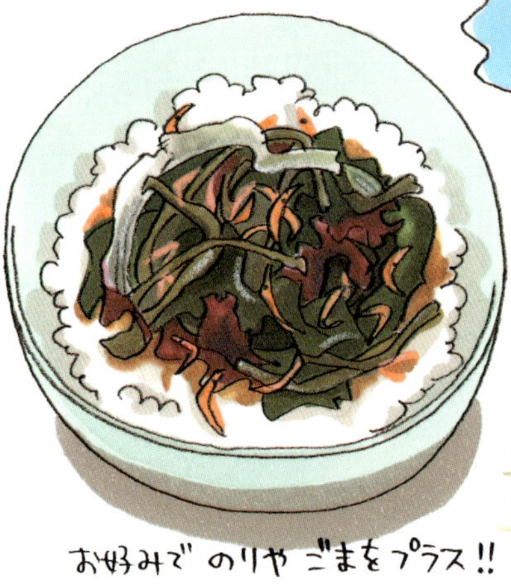

お好みで のりや ごまをプラス!!

温かいごはんにサラダをのっけておいしいのか…？

と 少々ビビりながら
食べましたが、つるんとした
海藻とカリカリした桜エビが
アクセントになって、さほど抵抗
なくイケました。

余った冷やごはん、酢めしと
食べれば よりサラダ感覚に。

もずくスープ丼

材料： ●もずく1パック　●和風だしの素小さじ2　●味噌大さじ1

① ごはんにもずくと和風だしをのせ、味噌を添える。
② 熱湯をかけ、混ぜる。

味噌の代わりに温めただし汁1カップとわさび適量でも美味。

なんだか見た目がすごく…ない？
まぜまぜ

けれど、しみじみなつかしい味でさらさらっと食べられちゃいます。お酒を飲んだ後のシメにもいいかも！

めかぶツナ丼

材料： ●めかぶ1パック　●ツナ缶（油を切る）40g　●みょうが（輪切り）2本　●かつおぶし・しょうゆ適量

すべての材料を混ぜ、ごはんにのせる。

かつおぶし＆しょうゆがツナとめかぶをじょうずに橋わたし。磯の香りがふんわりとただよう、混ぜるだけの簡単和風丼です。

みょうが大好きでついいっぱい入れちゃう…♡

缶詰／ツナ缶

あると何かと便利なツナ缶。
キッチンに常備している人も多いのでは？
そんなツナ缶を使ったお気軽丼
メニューです。

●オムツナ丼●

材料：

- ツナ缶（油を切る）40g
- 玉ねぎ（みじん切り）1/4個
- 塩こしょう・ケチャップ・サラダ油適量
- Ⓐ 溶き卵3個分／牛乳大さじ1／顆粒コンソメ小さじ1

① フライパンにサラダ油を熱して、ツナと玉ねぎを炒める。塩こしょうで味を調えて取り出す。

② フライパンにサラダ油を熱してよく混ぜたAを流し入れ、半熟になったら上に①をのせて包み込む。

③ ②をごはんにのせ、ケチャップをかける。

チビッ子がよろこびそうな
オムレツがまるごと
のっかった丼です。

ライトなオムライスみたい。
お魚が苦手な人にもオススメ。

ツナのそぼろ丼

材料：
Ⓐ ツナ缶（油を切る）80g
しょうゆ大さじ1
みりん大さじ1/2
●万能ねぎ（小口切り）適量

① フライパンでAをポロポロになるまで炒める。
② ①をごはんにのせ、上に万能ねぎをのせる。

甘じょっぱい味つけのツナそぼろは後引くおいしさ！

多めに作って お弁当のおかずや おにぎりに使っても グーです。

カニカマツナマヨ丼

材料：
●溶き卵1個分
●刻みのり・めんつゆ・サラダ油適量
Ⓐ ツナ缶（油を切る）40g
カニカマ（一口大にほぐす）3本
マヨネーズ大さじ1

① フライパンにサラダ油を熱し、卵を炒める。
② ①とよく混ぜたAを、のりをかけたごはんにのせ、めんつゆをかける。

炒り卵と めんつゆの ほんわりとした甘い味つけが ツナマヨと ごはんと よく合った "サラダ巻き"丼。

お好みで わさびを 加えると、ピリッと 大人の味になります

Corned Beef
SAKEKAN

缶詰／その他

夜中、小腹がすいちゃった……、疲れちゃって
料理を作る気がしなーい……、なんて時に！
缶詰とごはんがあれば あっという間に
立派な丼になっちゃう お役立ちレシピです。

●オイルサーディン丼●

材料：
- ●オイルサーディン缶1缶
- ●しょうゆ大さじ1
- ●万能ねぎ（小口切り）・七味適量

① フライパンにオイルサーディンを油ごと入れて熱し、
　ひと煮立ちしたらしょうゆをまわし入れる。
② ①をごはんにのせ、万能ねぎと七味をかける。

オイルサーディン
汁ごと入れる
フツフツ
しょうゆ

しょうゆを入れる時は
油が飛び散るので
注意ですっ

熱せられたオイルは
なんとも食欲をそそる
いい香り!! この油が
ごはんとよ〜くなじんで
美味。

万能ねぎ たっぷりが
オススメ。

簡単なのに
本格的な
味わい!?

ホタテあんかけ丼

材料： ホタテ缶1缶 水溶き片栗粉大さじ1/2 うす口しょうゆ小さじ1 万能ねぎ（小口切り）・わさび適量

① 鍋にホタテ缶を汁ごととうす口しょうゆ、万能ねぎを入れ、ひと煮立ちさせる。
② 水溶き片栗粉でとろみをつけてごはんにかけ、わさびを添える。

※水溶き片栗粉の作り方はP43

ホタテの缶汁には ホタテのエキスがたっぷり詰まっているので ダシいらず！

鮭マヨ丼

材料： 鮭水煮缶1缶 マヨネーズ大さじ1 味噌小さじ1 かいわれ・ごま適量

① 鍋に鮭缶を汁ごとと味噌を入れ、粗くほぐしながら煮詰める。

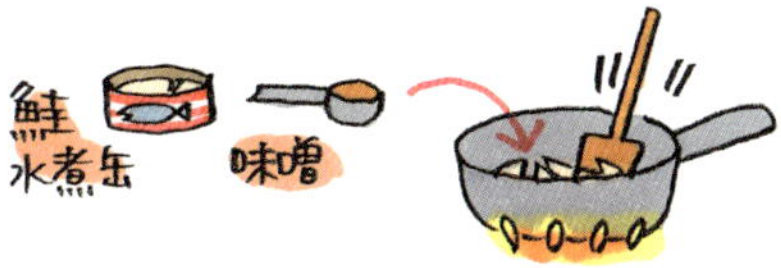

② ごはんにかいわれ、①、ごまをのせ、マヨネーズをかける。

ツナマヨに負けずおとらず鮭マヨも美味なんです。
味に深みが出る味噌がかくし味。

● サバ味噌サラダ丼 ●

材料：
- 水菜（一口大に切る）1/2束
- サバ味噌煮缶1缶
- ごま油大さじ4
- 万能ねぎ（小口切り）・ごま適量

① 水菜をごはんの上にのせ、その上にサバ味噌煮缶を汁ごとのせる。

水菜
サバの味噌煮缶
（汁ごと）

② 小鍋にごま油を熱し、煙が出てきたら①へまわしかけ、上に万能ねぎ、ごまをかける。

よしっ
煙がもうもうと
出てきたら….
ジュワー
熱々の油を
かけるべし!

※火の取り扱い、ヤケドに注意してください!!

これは マジック!?
と
わ―――っ

ひと口食べてみて
ビックリしました。

いつも食べてるサバ味噌の
味が熱したごま油に
よって香ばし〜く変化。
魚なのにお肉の丼を
食べてるみたい!?でしたヨ。

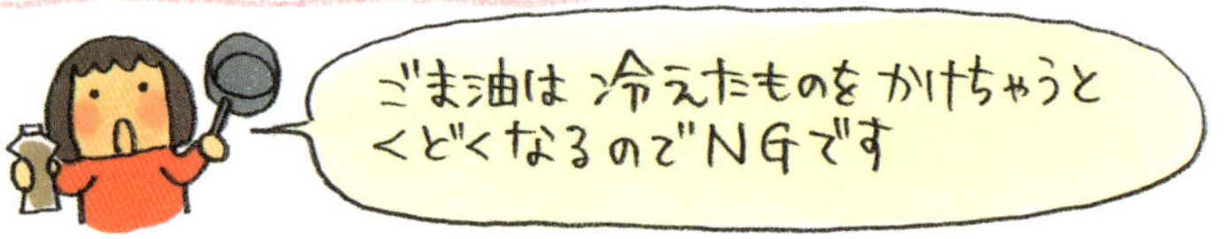
ごま油は冷えたものをかけちゃうと
くどくなるのでNGです

やきとり親子丼

材料：
- やきとり塩缶1缶
- 溶き卵2個分
- 万能ねぎ（小口切り）適量

① 鍋にやきとり缶を汁ごと入れ、ひと煮立ちさせる。
② ①に卵をまわし入れ、半熟になったらごはんにのせ、万能ねぎをちらす。

味つけの手間がいらないのが
うれしい超簡単丼。
卵はお好みでそぼろ状に
してもおいしいです。

コンビーフ丼

材料：
- 玉ねぎ（みじん切り）1/4個
- コンビーフ缶（ほぐす）1缶
- Ⓐしょうゆ・塩・粗びきこしょう適量
- 水菜（ざく切り）・バター・サラダ油適量

① フライパンにサラダ油を熱して玉ねぎを軽く炒める。
② ①にコンビーフを加え、Aで味を調える。
③ 水菜、②をごはんにのせ、上にバターをのせる。

炒めた玉ねぎの甘みと溶けた
バターがからまったマイルドな
コンビーフに、粗びきこしょうが
ピリッときいた
おつまみチックな丼です。

ひといき コラム

丼のつけあわせ、はし休めにもなる カンタン♡漬け物
レシピをご紹介します。

キャベツの浅漬け

セロリ、きゅうり、ナスでもおいしい！

材料：
- キャベツ（一口大に切る）3枚
- しょうが（せん切り）1かけ
- 塩小さじ2
- うす口しょうゆ小さじ1

材料をすべてビニール袋に入れ、全体がなじむようにもみこんで10分以上おく。

カブの塩昆布漬け

カブは茎付きのものは、茎を小口切りにして一緒に加えましょう

材料：
- カブ（薄いくし形に切る）2個
- 塩昆布大さじ1
- 塩小さじ2

カブに塩をまぶし、しんなりしたら水気を切り、塩昆布とあえる。

きゅうりのゆかり漬け

できれば一晩おくと
味がしっかりなじみます。
短時間の場合は
好みでしょうゆや
ゆかりをかけます

材料：
- きゅうり
（めん棒で一口大にたたく）2本
- ゆかり大さじ2

きゅうりとゆかりをビニール袋に入れて混ぜ、皿などで重しをして10分以上おく。

しゃきしゃきじゃがいものナムル

材料：
- じゃがいも（せん切り）1個
- ごま油大さじ1
- にんにく（すりおろす）・豆板醤小さじ1

じゃがいもをさっと湯通しして水気を切り、その他の材料と混ぜる。

いろいろ野菜の味噌漬け

1ヶ月以上
持ちます!
ナス、みょうが、にんじん、
チーズ（プロセスチーズ、クリームチーズ、
カマンベールなど何でも）、タラコなど
残り物をどんどん投入!

材料：
- 野菜・味噌・みりん適量

① 10：1の割合で味噌とみりんをタッパーに入れてよく混ぜ、味噌床を作る。
② ①に野菜などを漬けて冷蔵庫に入れ、3日程おく。

2章

ヘルシーどんぶり

- キャベツ
- きゅうり
- トマト
- ナス
- その他の野菜
- 豆腐
- きのこ
- スープ

野菜や豆腐など、
ヘルシーな食材を使った
さっぱりライトな丼たちです

キャベツ

味にクセがなく、いろいろな料理に
使える便利な葉もの野菜、キャベツ。
丼にして たっぷり食べちゃいましょ!

こんがりアンチョビキャベツ丼

材料：

- Ⓐ バター大さじ1／サラダ油大さじ1
- アンチョビ（みじん切り）2枚
- キャベツ（くし形に2等分する）1/4個
- にんにく（みじん切り）2かけ
- 塩こしょう適量
- 目玉焼き2枚

① フライパンにAを熱し、アンチョビを軽く炒める。そこにキャベツを並べ、上からにんにくをふってふたをする。

サラダ油
アンチョビ
バター
にんにく

② 片面に焦げ目がついたら裏返し、しんなりするまで焼いたら塩こしょうで味を調え、ごはんにのせる。

③ ②のフライパンで目玉焼きを作り、②へ添える。

キャベツにアンチョビの塩気とバターの甘みがしみこんでウマ〜いっ
カフェめしっぽく
休日の
ブランチに
いかが?

アンチョビはパスタや炒めものなどにも
使えるので常備しておくと便利。

さっぱりマリネキャベツ丼

材料：
- キャベツ（せん切り）1/4個
- Ⓐ マヨネーズ大さじ3／オリーブオイル・酢大さじ1／塩こしょう適量
- ベーコン（細切り）5枚
- しょうゆ・粗びきこしょう適量
- バター大さじ2

① キャベツに塩小さじ2（分量外）をもみこむ。水分が出てきたら水洗いし、水気を切ってＡと混ぜる。
② フライパンにバターを熱してベーコンをカリカリになるまで炒め、しょうゆ、粗びきこしょうで味を調える。
③ ごはんに①をしき、②を油ごとまわしかける。

キャベツは漬ける時間によって味や食感が変わるので、お好みで調整を。

このベーコンのうまみがうつったオイルとマリネの酸味が食欲増進！ごはんがすすむこと まちがいなしです。

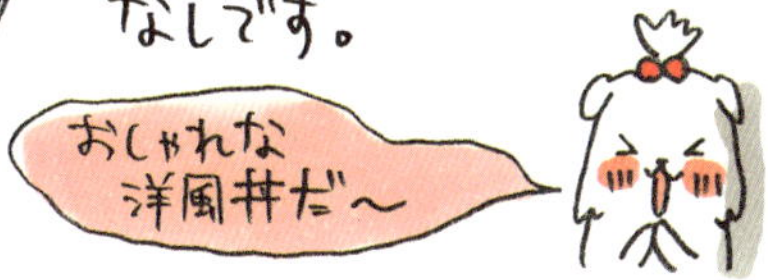

キャベツたぬき丼

材料：
- キャベツ（浅漬けにする。P32参照）3枚
- 桜エビ・あげ玉大さじ2
- めんつゆ・七味適量

① ごはんにキャベツの浅漬けをしく。
② 桜エビ、あげ玉を上にのせ、めんつゆと七味をかける。

はじめにサクサク感を楽しんでから、全体を混ぜてしんなりさせつつ食べるのもまたまたおいしい。

朝食にも、軽いお夜食にもグーな丼。

きゅうり

きゅうりといったらシャクシャクしたかみごたえとさっぱり感がいいですよね～。そんな特徴を生かした丼たちをどうぞ。

きゅうりとセロリの中華風浅漬け丼

材料：
- きゅうり（乱切りにしめん棒でたたく）1本
- セロリ（一口大に割る）1本
- 長ねぎ（白髪ねぎにする）適量

Ⓐ
- しょうゆ大さじ2
- みりん・桜エビ大さじ1
- 砂糖大さじ1/2
- 赤唐辛子（小口切り）1本
- ラー油・ごま油小さじ1

① きゅうり、セロリ、Ａをビニール袋に入れて混ぜ、ごはんにのせる。

きゅうり
セロリ
しょうゆ
砂糖
ラー油
ごま油
みりん
赤唐辛子
桜エビ
混ぜる

② 上に長ねぎをのせる。

きゅうり＆セロリを使ったさっぱり、さわやか丼。

ラー油と唐辛子がピリッときいておいし～。

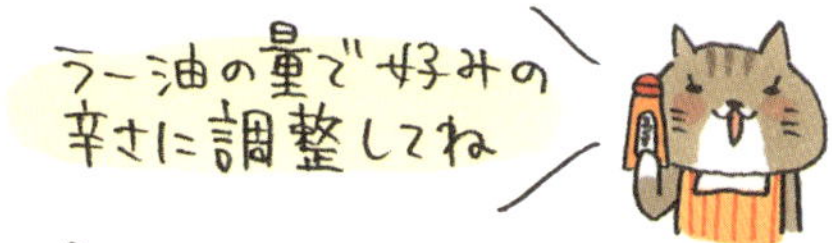

ラー油の量で好みの辛さに調整してね

食欲のない時なんかにいいかも。

疲れすぎて食欲な～い
これ食べな～

タイ風鶏きゅうり丼

材料：
- 鶏むね肉1枚
- A
  - 酒1/2カップ
  - 長ねぎ（青い部分）1本
  - しょうが（スライス）1かけ
- B
  - きゅうり（せん切り）1本
  - パプリカ（せん切り）1/2個
  - らっきょう（みじん切り）・
  - パクチー（ざく切り）適量
- C
  - ナンプラー大さじ3
  - レモン汁大さじ2
  - 水・ハチミツ大さじ1/2
  - ごま小さじ1

① 耐熱皿に鶏むね肉とAを入れ、レンジで5分温める。
冷めたら鶏肉を手でほぐす。
② ①の鶏肉とBを混ぜ、ごはんにのせる。
③ ①で出た汁とCを混ぜ、②にかける。

鶏肉をレンジにかける時間は 様子をみながら調節してください。
途中で裏返すと火がまんべんなく通ります。

パクチーとナンプラーの香りがたっぷり、なタイ風サラダ丼です。

ふんわり卵のきゅうり丼

材料：
- 溶き卵2個分
- きゅうり（乱切り）1本
- パプリカ（くし形に切る）1/2個
- うす口しょうゆ大さじ1
- A
  - 鶏ガラスープの素大さじ1
  - 長ねぎ（みじん切り）1/2本
  - 塩こしょう・ザーサイ（みじん切り）適量
- ごま油適量

① フライパンに多めのごま油を熱し、塩少々（分量外）
を入れた卵を半熟になるまで炒め、取り出す。
② ①のフライパンにごま油小さじ1を熱し、きゅうりと
パプリカを強火で炒め、Aを加えてさらに炒める。
③ ②に①の卵を戻し入れてうす口しょうゆを
まわしかけ、ひと混ぜしてごはんにのせる。

卵を溶いたボウルに入れると洗いものがへるよ

混ぜながら食べると歯ごたえのあるチャーハン風！ きゅうりは火を通すと独特の青くささがぬけるので苦手な人もトライしてみて。

トマト

トマトは生のままでも、炒めても、
煮てもおいしい野菜の万能選手！
食欲をそそられるまっ赤な彩りも
いいですよね〜。

トマ玉きのこ丼

材料：

A
- しょうが・にんにく・長ねぎ（各みじん切り）大さじ1
- 豆板醤小さじ1

B
- トマト（くし形に切る）2個
- しめじ・まいたけ（それぞれほぐす）1/2パック

- 溶き卵2個分

C
- 鶏ガラスープの素小さじ2
- うす口しょうゆ小さじ1
- 塩こしょう適量

- 万能ねぎ（小口切り）・サラダ油適量

① フライパンにサラダ油を熱してAを炒め、Bを入れてざっと混ぜる。

A しょうが
にんにく
長ねぎ
豆板醤
B トマト
しめじ
まいたけ

② Cを加えひと煮立ちさせたら卵をまわし入れ、半熟になったらごはんにのせる。

C 鶏ガラスープの素
塩・こしょう
うす口しょうゆ
溶き卵

③ 上に万能ねぎをのせる。

トマトの酸味が強い
場合はⓒに
ハチミツ小さじ1を
加えるといいよ
火の通ったトマトはトロトロで
甘みがUP！
甘酸っぱさが
プラスされた
中華風丼といったところ。

トマトおろし丼

材料：

- Ⓐ
  - トマト（一口大に切る）1個
  - 大根（すりおろして水気を切る）大さじ3
  - 大葉（一口大に切る）3枚
- かつおぶし1袋
- ポン酢適量

① Aを混ぜ、ごはんにのせる。
② ①にかつおぶしとポン酢をかける。

トマト、大根おろし、大葉と、
さっぱりトリオが丼に大集結！
かつおぶし＆ポン酢が
ごはんとのいいつなぎに。

眠たい朝に食べたら
シャッキリ目が覚めそう。

ミニトマトとレタス丼

材料：

- Ⓐ
  - にんにく（みじん切り）2かけ
  - バター・オリーブオイル大さじ1
- Ⓑ
  - ミニトマト1パック
  - ベーコン（細切り）1枚
- Ⓒ
  - レタス（ざく切り）1/4個
  - しょうゆ・顆粒コンソメ小さじ1
  - 粗びきこしょう適量

① フライパンでAを炒め、Bを加えてさらに炒める。
② トマトの皮がむけてきたら、Cを加えてひと混ぜし、油ごとごはんにのせる。

炒めすぎに注意！
トマトがくずれる前に
レタスを加え、その後は
手早く調理しましょう〜

炒めたミニトマトのなんともジューシーなこと！つぶしながらハフハフ ペロリ。
粉チーズをかけるのもオススメ〜。

ナス

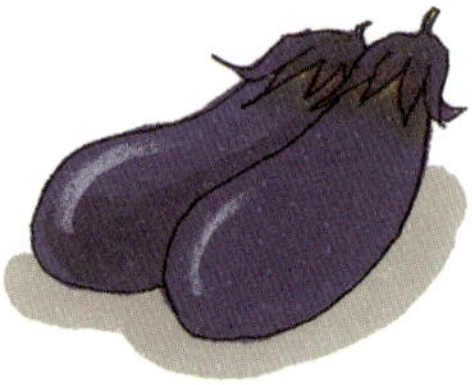

黒っぽい紫色の見た目から食わずぎらいの人も多い!?ナスですが油との相性がバツグンにいい野菜です。

ナストマトの煮込み丼

材料：
- ナス（輪切り）3本
- 鶏もも肉（一口大に切る）1枚
- にんにく（みじん切り）2かけ
- 玉ねぎ（みじん切り）1/4個
- 塩こしょう・バター・パセリ（みじん切り）・粉チーズ・オリーブオイル適量
- Ａ ｛トマト水煮缶1/2カップ、顆粒コンソメ大さじ1｝
- しょうゆ大さじ1/2

① フライパンにオリーブオイルを熱し、塩こしょうをしたナスと鶏もも肉を入れ、両面焼いて取り出す。

塩
こしょう
うまみがギュッととじこめられるのです。
ナスと鶏肉は後で煮込むので、焼き色がつく程度でOKです。

② フライパンにオリーブオイルを熱し、にんにく、玉ねぎを炒める。①の鶏肉とＡを加え、時々かき混ぜながら弱火で15分程煮込む。

にんにく
玉ねぎ
①の鶏肉
Ⓐ
トマト水煮缶
コンソメ

③ ②へ①のナスを加え、しょうゆ、塩こしょうで味を調える。仕上げにバターとパセリを加えひと混ぜし、ごはんにのせて上に粉チーズをかける。

①のナス
塩
こしょう
S
P
しょうゆ
バター
パセリ
ナスとトマトと鶏肉、ときたら
文句なしにおいしい組み合わせ。
ボリューム満点の
イタリアン丼。

絶品焼ナス丼

材料：
- ナス（縦1cm幅に切る）3本
- ししとう6本
- しょうゆ大さじ1
- サラダ油・バター適量
- A
  - かつおぶし1袋
  - みょうが（輪切り）1本
  - しょうが（すりおろす）大さじ1
  - 万能ねぎ（小口切り）3本

① フライパンに多めのサラダ油とバターを熱してナスとししとうを両面焼き、鍋肌からしょうゆをまわし入れる。
② ごはんに①を並べ、Aをのせる。お好みでしょうゆをかける。

ナスは焼く前に下半分に切りこみを入れると火が通りやすく、味がしみこみやすくなります。

シンプルにナスのうまみを楽しむ食べ方。

しょうゆをめんつゆにしてもおいしい。お好みで七味をかけても！

ナスとひき肉の味噌炒め丼

材料：
- ナス（乱切り）2本
- A
  - にんにく・しょうが（各みじん切り）大さじ1/2
  - 赤唐辛子（小口切り）1本
- ひき肉100g
- インゲン（2分程茹で、一口大に切る）10本
- B
  - だし汁1/2カップ
  - 酒大さじ2
  - 味噌・みりん大さじ1
- 水溶き片栗粉大さじ1/2～1
- サラダ油・ごま油適量

① フライパンに多めのサラダ油を熱し、ナスを揚げ炒めする。
② フライパンにごま油を熱してAを炒め、ひき肉を加えてさらに炒める。
③ ひき肉がポロポロになってきたらBを加え煮立たせる。
④ ③に①とインゲンを加え少々煮て、水溶き片栗粉でとろみをつけ、ごはんにのせる。

水溶き片栗粉は水：片栗粉＝2：1です。よく混ぜて使ってね

油で揚げ炒めしたナスがほっくりしててうれしくなっちゃう。ピリ辛の味噌味がまたごはんとベストマッチなんです。

その他の野菜

忙しい日々が続くとつい野菜不足な食生活になりがち…。そんな時は、この丼でたっぷり野菜を食べちゃいましょう!

温野菜のガーリック丼

材料:

- Ⓐ
  - にんにく（みじん切り）小さじ2
  - 玉ねぎ（みじん切り）・しょうが（すりおろす）小さじ1
  - 赤唐辛子（小口切り）1本
  - オリーブオイル・バター適量
- 塩こしょう適量
- ベーコン（細切り）2枚
- アスパラ（一口大に切る）5本
- Ⓑ
  - ブロッコリー（小房に切り、茹でる）1/2個
  - 顆粒コンソメ・しょうゆ大さじ1/2

① フライパンでAを炒め、ベーコンとアスパラを加えてさらに炒める。

Ⓐ
にんにく
玉ねぎ
しょうが
赤唐辛子
オリーブオイル
バター
香りが出てきたら…
アスパラ
ベーコン

② アスパラがしんなりしてきたらBを加えて混ぜ、塩こしょうで味を調えてごはんにのせる。

Ⓑ
ブロッコリー
しょうゆ
コンソメ
塩こしょう

食欲そそるガーリック風味で野菜がもりもり食べられます。

冷凍の温野菜ミックスを使えばもっと手軽に作れちゃいます。

一人暮らしにも
うれしい!

小松菜炒め丼

材料：
- にんにく（みじん切り）大さじ1
- 小松菜（ざく切り）1/2袋
- 鶏ガラスープの素大さじ1/2
- 塩こしょう・うす口しょうゆ適量
- ごま油大さじ1

① フライパンにごま油を熱してにんにくを炒め、小松菜を加えてさらに炒める。
② ①へ鶏ガラスープの素を加え、しんなりしてきたら、塩こしょう、うす口しょうゆで味を調え、ごはんにのせる。

具は小松菜のみ、の丼ですが
にんにくと ごま油の香ばしい
風味が小松菜に しみこんで
不思議なくらい ごはんが
すすみますよ——。

ほうれん草や
チンゲン菜でも！

ナポリタン丼

材料：

Ⓐ
- ソーセージ（半分に切る）5本
- 玉ねぎ（1cmのくし形に切る）1/4個
- ピーマン（輪切り）2個

Ⓑ
- ケチャップ大さじ2
- ソース大さじ1/2
- 顆粒コンソメ小さじ2

- 塩・粗びきこしょう少々
- バター大さじ1
- サラダ油適量

① フライパンにサラダ油を熱してAを炒め、しんなりしたら、塩こしょうをする。
② Bで味を調え、バターを入れてからめ、ごはんにのせる。

オリーブの輪切りを加えると
"大人のナポリタン"に！
ケチャップライスって……
なつかしい味だよね〜
子供の頃を
思い出す…
時々むしょうに食べたく
なる味なんだよね

ピリ辛カポナータ丼

材料：

- ナス2本
- にんにく（みじん切り）大さじ1
- Ⓐ
  - 玉ねぎ1/4個
  - パプリカ1/2個
  - しいたけ2枚
  - ベーコン（細切り）1枚
- トマト1個
- Ⓑ
  - トマト水煮缶大さじ2
  - コンソメ大さじ1/2
  - ソース・しょうゆ小さじ2
  - 砂糖小さじ1
  - タバスコ適量
- 粉チーズ・オリーブオイル適量

① 材料の野菜はすべて1.5cm角に切る。ナスは素揚げをする。

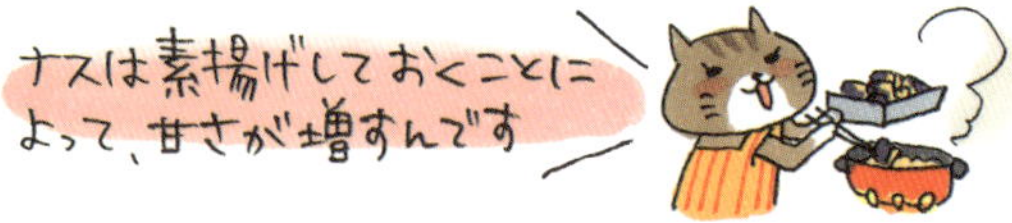
ナスは素揚げしておくことによって、甘さが増すんです

② フライパンにオリーブオイルを熱してにんにくを炒め、Aを加えてしんなりするまで炒める。
③ ②にBとトマトを加えて15分煮込み、ナスを加えてさらに5～10分煮込む。

にんにく
Ⓐ 玉ねぎ
しいたけ
パプリカ
ベーコン
トマト
Ⓑ トマト水煮
コンソメ、砂糖
ソース、しょうゆ
タバスコ
15分煮る
ナス
5～10分煮る

④ ごはんに③をのせ、粉チーズをかける。

わおっ

ボリューム満点の
洋風煮込み野菜丼。

味つけにソースを加えたことで
野菜のコクとまろみがアップ。
ちょっぴり入れたタバスコが
ほんのりスパイシーで
あっという間に完食しちゃい
ますよ～。

ごちそうさま～

和風シラス丼

材料：
- 大根（すりおろして水気を切る）3cm
- シラス大さじ4
- 大葉（せん切り）3枚
- のり（一口大に切る）適量
- Ⓐ
  - みょうが（せん切り）1本
  - しょうゆ大さじ1
  - 酢・ごま油大さじ1/2
  - 冷凍枝豆（解凍してさやから出す）・長ねぎ（白髪ねぎにする）・砂糖適量

① 大根とシラスを混ぜ、大葉とのりをしいたごはんにのせる。
② Aを混ぜ、①の上にのせる。

軽くサラサラッと食べたい時にもってこいのメニュー。シンプルだけど ねぎ、みょうが、大葉の香りがきいて食べ飽きない味。

暑い日は冷やごはんにのせて食べるのが気分

サラダ丼

材料：
- Ⓐ
  - レタス（せん切り）2枚
  - トマト（角切り）1/2個
  - きゅうり（角切り）1/3本
  - 乾燥ワカメ（水で戻しておく）5g
  - 生ハム（一口大に切る）4枚
  - 種なしオリーブ（輪切り）5個
- フレンチドレッシング大さじ1
- Ⓑ
  - マヨネーズ大さじ3
  - しょうゆ小さじ3
  - からし小さじ2

① ごはんにフレンチドレッシングを混ぜる。
② ①にAを彩りよくのせ、よく混ぜたBをかける。

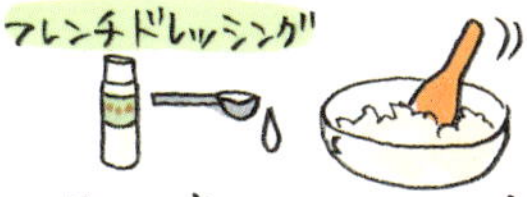
フレンチドレッシング

サラダをまるごと ごはんに のせちゃいました。
はじめ……

べ…別々に食べたほうがいいんじゃ……？

と思いましたが、ドレッシングをあえた ごはんが うまいつなぎになって サクサク いけちゃいました。
和風からしマヨも美味！ 混ぜながら食べて。

豆腐

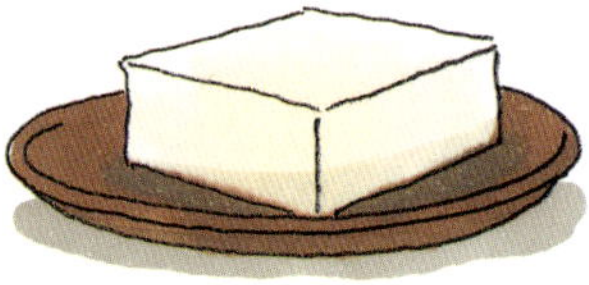

豆腐のたんぱくな味は いろいろな
食材になじみやすく、そのまま食べても
調理しても おいしいところが◎。

麻婆豆腐丼

材料：
- 絹ごし豆腐（さいの目切り）1丁
- Ⓐ
  - しょうが・にんにく（各みじん切り）1かけ
  - 豆板醤小さじ1/2
- 豚ひき肉100ｇ
- 長ねぎ（みじん切り）・万能ねぎ（小口切り）大さじ1
- Ⓑ
  - 中華スープ1カップ
  - 味噌・酒・砂糖大さじ1
  - しょうゆ大さじ1/2
  - 片栗粉小さじ2
- ごま油適量

① ペーパータオルをしいた耐熱皿に豆腐をのせ、レンジで3分温める。

② フライパンにごま油を熱してＡを炒め、ひき肉を加えポロポロになるまで炒める。

レンジでチンの このひと手間で
豆腐に味がしみこみやすく
なって おいしくなります

火にかける前に Ⓐを
フライパンに入れて 油をなじませて
おくと焦げつき防止に。

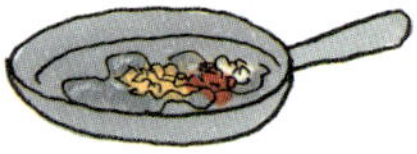

③ ②へ①とよく混ぜたＢを加え、とろみがついたら長ねぎ、万能ねぎを加えてひと混ぜし、ごま油少々をまわしかけごはんにのせる。

豆腐を使った丼といえば、
やっぱりコレでしょう〜。

しょうが、にんにく、ねぎの香りと
ひき肉のうまみ、ピリ辛のタレが
からんだ豆腐は ごはんと
合わないわけがない！

大きなスプーンで
ほおばっちゃってください！！

煮込み豆腐丼

材料：

- 木綿豆腐（4等分にする）1丁
- 長ねぎ（斜め薄切り）1本
- 水溶き片栗粉大さじ1
- 七味・サラダ油適量

Ⓐ
- だし汁1カップ
- しょうゆ大さじ3
- 酒・砂糖・みりん大さじ2

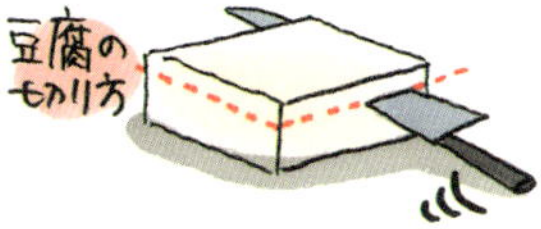

① 木綿豆腐はペーパータオルに包み水気を切っておく。
② フライパンにサラダ油を熱し、①を両面焼きつけて取り出す。
③ 同じフライパンにサラダ油少々を熱し、長ねぎを炒め、しんなりしたらAを加える。
④ 沸騰したら豆腐を戻し入れ、煮汁をかけながら中火で20分煮る。
⑤ ④に水溶き片栗粉を入れてとろみをつけ、ごはんにのせて、七味をかける。

砂糖、みりんがきいた甘いしょうゆ味がじわウマな ホッとするメニュー。

七味をたっぷりかけて食べるのもグー。

薬味豆腐丼

材料：

- 絹ごし豆腐（粗くくずす）1丁

Ⓐ
- シラス大さじ2
- ザーサイ（みじん切り）大さじ2
- 万能ねぎ（小口切り）大さじ2
- みょうが（ざく切り）・のり（一口大に切る）・ごま適量

Ⓑ
- しょうゆ大さじ1
- ごま油大さじ1/2
- ラー油小さじ1
- しょうが（すりおろす）小さじ1

① 絹ごし豆腐はペーパータオルで包み、水気を切る。
② ごはんに①とAをのせ、よく混ぜたBをかける。

豆腐はお皿などをのせると短時間で水切りできます。

冷蔵庫に残ってるものたちでパパッとできちゃうのがうれしいね。

肉豆腐丼

材料：

Ⓐ
- 水1/4カップ
- めんつゆ大さじ3
- 酒大さじ2
- ソース小さじ2
- 砂糖小さじ1

- ●木綿豆腐（粗くくずす）1/2丁
- ●玉ねぎ（薄切り）1/4個
- ●牛こま切れ肉100ｇ
- ●にら（ざく切り）適量

① 鍋にAを入れて中火にかけ、煮立ったら木綿豆腐、玉ねぎを入れて少々煮る。
玉ねぎが透き通ってきたら牛肉を加えてさらに煮込む。

Ⓐ
水
めんつゆ
ソース
砂糖
酒
豆腐
玉ねぎ
牛肉
煮込む
ソースを加えることで
短時間でもコクが増すよ！
豆腐は手でちぎると
味がなじみやすいです

② 汁気がなくなってきたらにらを加えてひと混ぜし、
ごはんにのせ、お好みで七味をかける。

豆腐と牛肉にしみこんだ
タレがきゅ〜っと
胃にしみるおいしさです。

豆腐入りのかなりボリューミーな
牛丼、といった感じ。

こりゃ
お腹をすかせた
男子がよろこび
そうだね〜
コレを作って
あげるような
彼氏を
作らないとね…
おいしーっ

さっぱりきつね丼

材料：
- 油揚げ（大きめの短冊切り）1枚
- しょうが（すりおろす）・めんつゆ適量
- A
  - なめこ（熱湯をかけ、水気を切る）1袋
  - 大根（すりおろして水気を切る）大さじ2
  - たくあん（みじん切り）・大葉（せん切り）適量

① 油揚げをトースターで両面に焦げ目がつくまで3～5分焼く。
② ごはんに①とAをのせ、しょうがを添えてめんつゆをかける。

焦げ目は
こんな感じ

カリッとした油揚げ、刻んだたくあんのパリパリとした食感がおいしいアクセント。

温めただし汁をかけて
お茶漬けにしてもいいね
ぞっ
ぞっ

厚揚げと豚肉のピリ辛丼

材料：
- しょうが（せん切り）1かけ
- 豚ばら肉（1cm幅に切る）80ｇ
- 厚揚げ（1cm幅に切る）1/2枚
- まいたけ（ほぐす）1パック
- A
  - 水・酒1/2カップ
  - しょうゆ・みりん大さじ2
  - 砂糖小さじ1
  - 赤唐辛子（小口切り）1本
- 小松菜（ざく切り）1束
- 水溶き片栗粉大さじ2
- ごま油適量

① フライパンにごま油を熱し、しょうがと豚肉を炒める。豚肉の色が変わったらAを加えて煮る。
② ①が煮立ったら厚揚げとまいたけを加えて煮て、汁気が半分くらいになったら小松菜を加え、しんなりするまで混ぜながら煮込む。
③ ②へ水溶き片栗粉をまわし入れ、とろみがついたらごはんにのせる。

豚肉は豚ひき肉でも、
まいたけはしめじやえのきでもOK!

まいたけの香りがただよう食べごたえ満点の丼です。

熱々をどうぞ!

きのこ

種類も豊富で、洋風にも和風にも
マッチする柔軟さがあるきのこ。
料理の優秀な食材です。

洋風きのこ丼

材料：

Ⓐ
- にんにく（みじん切り）1かけ
- バター・オリーブオイル大さじ1/2

Ⓑ
- ベーコン（細切り）1枚
- エリンギ（縦に裂く）2本
- しめじ・えのき（ほぐす）1/2パック

- 万能ねぎ（小口切り）・粗びきこしょう適量
- 干ししいたけ（水で戻してそぎ切り）2枚

Ⓒ
- 干ししいたけの戻し汁大さじ1
- 酒大さじ1/2

Ⓓ
- しょうゆ大さじ1/2
- バルサミコ酢・砂糖小さじ1

① フライパンでAを炒め、Bを加えてさらに炒める。
② しんなりしてきたら干ししいたけ、Cを加えて煮詰める。
③ ②にDを加えて強火で煮詰め、汁気がなくなったらごはんにのせ、
万能ねぎをちらして粗びきこしょうをふる。

バルサミコ酢を加えると
香りとコクがUPするんです

なければ
黒酢か
オイスターソースで
代用可能です。

ジューシーに炒めあがった
きのこはプリプリ
甘いまろやかなバターの
風味が全体のベースに
なっていて ほくっと
おいしいのだ。

きのことベーコンって
バツグンの相性
だよね～

なめたけのわさびスープ丼

材料：

- Ⓐ
  - 和風だしの素大さじ1/2
  - うす口しょうゆ小さじ1～2
- なめたけ大さじ2
- 梅干し（種を取る）小さじ2
- Ⓑ
  - わさび小さじ1
  - 万能ねぎ（小口切り）・ごま適量

① 小鍋に水1 1/2カップとＡを入れて、ひと煮立ちさせる。
② ごはんになめたけ、梅干しをのせ、①のスープをかけ、Ｂを添える。

梅肉をあらかじめごはんと混ぜておくと風味が増します。

わさびの代わりにゆずこしょうでも香りが出て美味～

きのこのスパイシーミート丼

材料：

- Ⓐ
  - にんにく（みじん切り）1かけ
  - オリーブオイル大さじ1
- Ⓑ
  - 玉ねぎ（みじん切り）1/4個
  - 赤パプリカ（くし形に切る）1/4個
- カレー粉小さじ2
- 塩こしょう適量
- Ⓒ
  - しめじ（ほぐす）1/2パック
  - しいたけ（みじん切り）2枚
  - エリンギ（縦に裂く）2本
- 酒大さじ1
- 市販のミートソース3/4カップ

① フライパンにAを熱し、Bを加えて炒める。
② 玉ねぎが透き通ってきたらCを加え、塩こしょうをして炒める。
③ ②へカレー粉を入れ、全体になじませたら酒を入れて煮詰める。
④ ③へミートソースを加え、ひと煮立ちしたらごはんにのせる。

はじめはミートソース、後味がカレー、みたいな感じ！香辛料がピリリと気持ちよく口に広がります。

きのこは何でもOK。
たくさん入れよう。
ザー
入れすぎ

スープ

雑炊、リゾット、お茶漬け系の
レシピを集めました。
朝食やブランチ、夜食にも合う
スープ丼です。

トマトのタイ風雑炊

材料：
- にんにく（みじん切り）1かけ
- トマト（さいの目切り）1個
- 冷凍枝豆（解凍してさやから出す）大さじ2
- 溶き卵2個分
- Ⓐ ナンプラー大さじ1/2、顆粒コンソメ小さじ2
- パクチー（ざく切り）適量
- バター大さじ1

① 小鍋にバターを熱してにんにくを炒め、トマト、ごはんを加えて全体をなじませる。さらにかぶるくらいの水とAを加え、煮立てる。

バター
にんにく
トマト
ごはん
水
Ⓐ コンソメ
ナンプラー

② ①へ枝豆を入れ、卵をまわし入れて半熟になったら器に盛り、パクチーを添える。

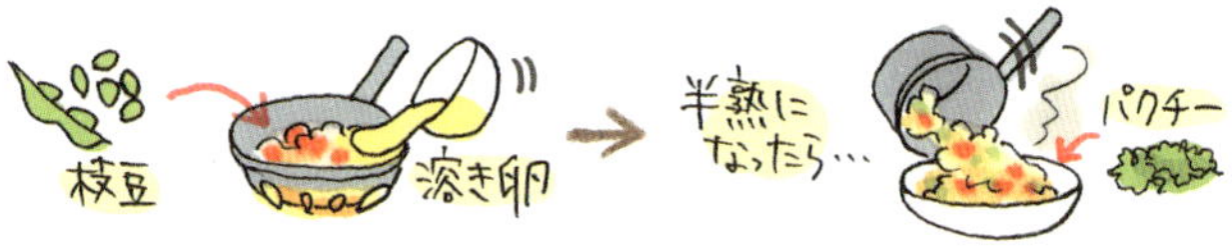
枝豆
溶き卵
半熟になったら…
パクチー

パンチのきいたエスニックな
味を卵がやさし～く
まとめてくれます。

トマトの酸味も
スープに合うね～
ナンプラーの
味がきいてるっ

エスニック料理好きさんに
オススメです。

かぼちゃのお茶漬け

5分

材料： ●かぼちゃ 1/8個　●塩小さじ1　●ほうじ茶1 1/2カップ　●ごま・わさび適量

① 耐熱容器にかぼちゃと水大さじ2をふり入れてラップをし、レンジで5分温める。
ようじをさしてまだ硬いようなら1分ずつ再度温める。
② 粗熱を取り、1cmの角切りにし、ごはんと混ぜる。
③ 温めたほうじ茶に塩を溶かし、②へかけ、ごまとわさびを添える。

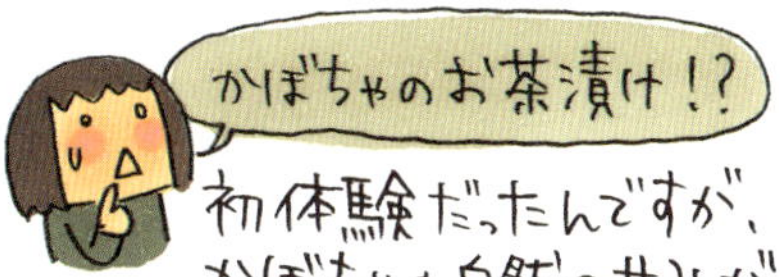

かぼちゃのお茶漬け!?

初体験だったんですが、
かぼちゃの自然の甘みが
ほうじ茶、ごはんにマッチ!
この甘いお茶漬け、ハマる味です。
さつまいもでも おいしいよ。

あさりのコンソメ雑炊

材料： ●パスタ用あさりコンソメソース1袋　●万能ねぎ（3cm幅に切る）・刻みのり適量

① 鍋にあさりコンソメソースと水1/2カップを入れてひと煮立ちさせ、
ごはん、万能ねぎを加えて少々煮る。
② 器に盛り、のりをかける。

調理されているものを
使うから味つけの必要なし〜

パスタ茹でるのもめんどうって!!
残業帰りでクタクタな日に助かるわ….

ソースによって味の濃さが違うので
水の量や塩加減は味見しながら
調整してください。

サンラータン丼

材料：

Ⓐ 鶏ガラスープの素大さじ1 / うす口しょうゆ小さじ2

Ⓑ にんじん（細切り）3cm / しいたけ（細切り）2枚 / たけのこの水煮（細切り）20ｇ

- ハム（細切り）2枚
- にら（ざく切り）3本
- 水溶き片栗粉大さじ2
- 溶き卵1個分
- 塩こしょう適量
- 酢大さじ1

① 鍋にＡと水2カップを入れ火にかける。煮立ったらＢを入れ、火が通ったらハムとにらを加える。

② ①に水溶き片栗粉でとろみをつけ、卵をまわし入れる。

③ 塩こしょうで味を調え、酢をまわし入れたらごはんにかける。

中華スープ「サンラータン」をスープ丼にしてみました。具がたっぷりなので食べごたえもバッチリ。

お酢をたっぷりかけて食べるのが好き〜

コーンスープ雑炊

材料：
- 玉ねぎ（みじん切り）1/4個
- ハム（細切り）3枚
- 塩こしょう・パセリ（みじん切り）・バター適量

Ⓐ
- コーンクリーム缶1/2カップ
- コンソメ大さじ1

① 鍋にバターを熱し、玉ねぎ、ハムを炒める。ごはんとA、水1カップを加えとろっとするまで煮込む。
② ①に塩こしょうをして味を調える。器に盛り、パセリをかける。

シャレた洋風おじや。
玉ねぎとコーンのホッとする
甘みがじんわり胃にしみます。

カゼっぴきさんにもいいね。

あれっ
カゼひいてんじゃなかったの!?
あっ

水のかわりに牛乳で煮込むとリゾット風に。

韓国風冷やしスープ丼

材料：
- きゅうり（薄い輪切り）1本
- キムチ・のり（それぞれ一口大に切る）適量

Ⓐ
- 冷水1 1/2カップ
- 白すりごま大さじ1
- 味噌小さじ1/2
- 和風だしの素小さじ1
- ラー油適量

① きゅうりは塩適量（分量外）をふってもんでおく。Aはよく混ぜ、冷やしておく。
② ①のきゅうりとAを混ぜてごはんにかけ、キムチ、のりをのせる。

冷麺のごはん版!?
すりごまの香ばしさとキムチのピリ辛さが
しみ出た味噌ベースのスープが美味!!

スープをキンキンに
冷やして食べたい
スープ丼。

ラー油、
キムチの量は
お好みで。

ひといきコラム

丼に添えて出したいスープのレシピです。
丼の種類に合わせてチョイスしてみてください。

ベーコンとトマトのスープ

ボリュームのある丼と相性◎
トマトのほどよい酸味が後味サッパリ！

材料：
- ベーコン（細切り）1枚
- トマト（乱切り）1個
- コンソメスープ2カップ
- 塩こしょう適量

鍋にコンソメスープを入れてひと煮立ちさせ、他の材料をすべて入れ3分程煮込む。

ぐつぐつ

トマト以外にレタス、キャベツ、ピーマン
にんじん など、いろいろ入れて
やわらかくなるまで煮込もう～！

じゃがいもの豆乳スープ

豆乳が分離してしまうので、
沸騰させないように弱火で

材料：
- じゃがいも2個
- 豆乳2カップ
- 顆粒コンソメ小さじ1

① じゃがいもは皮付きのままラップで包み、レンジで3分程温めて皮をむく。
② 鍋に豆乳とコンソメを入れて火にかけ、適当な大きさに切った①を加えて少々潰しながら煮込む。

◎キムチスープ

材料：
- キムチ（ざく切り）・ごま油適量
- 中華スープの素小さじ2

鍋に材料と水2カップを入れ、
ひと煮立ちさせる。

もやし、白菜、長ねぎなどを
入れても おいしい！

◎とろろ昆布の簡単お吸い物

材料：
- とろろ昆布・ごま適量
- 和風だしの素・うす口しょうゆ小さじ2

材料をすべて器に入れ、
熱湯2カップを注ぐ。

お刺身の丼や朝食のお供に

◎ガスパチョ

材料：
- トマト1個
- 赤パプリカ1/2個
- きゅうり1/2本
- オリーブオイル大さじ1
- タバスコ・パセリ（みじん切り）・塩こしょう適量

① 野菜類はすべて適当な大きさに切り、
水2カップとともにミキサーにかける。
② タバスコ、オリーブオイル、塩こしょうで味を調え、パセリをかける。

スペインを代表するスープ。
キンキンに冷やして食べましょ♪

冷やす時間がない時は
冷水を使うと◎。

3章

ボリュームどんぶり

- 牛肉
- 豚肉
- 鶏肉
- シーフード／エビ
- シーフード／その他
- シーフード／刺身

肉、魚介類を主役にした
ボリュームまんてん丼です

牛肉

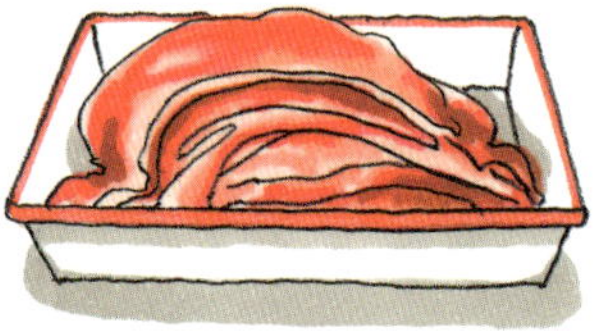

がっつり食べたい人、いらっしゃい!
肉好き、食べ盛りにたまらない
ボリュームのある丼をズラリご紹介。

牛丼

材料：
- 玉ねぎ（薄切り）1/2個
- 牛こま切れ肉200ｇ
- サラダ油適量
- Ⓐ
  - だし汁1/2カップ
  - しょうが（せん切り）1かけ
  - 酒・しょうゆ大さじ2
  - みりん・砂糖大さじ1 1/2

① フライパンにサラダ油を熱し、玉ねぎを炒める。しんなりしたら牛肉を加え、色が変わったらＡを加えて少々煮込む。

② 味がなじんだらごはんにのせる。

「丼」といって まっさきに思いつくのが 牛丼! という人 多いでしょう。特に若い人や男性に大人気ですよね。

牛肉、玉ねぎ、ごはんが甘じょっぱいタレによって一体化!

こりゃもう最強の組み合わせだわね

牛カルビ焼肉丼

材料：
- 牛カルビ肉200ｇ
- Ⓐ
  - 長ねぎ（みじん切り）・サラダ油大さじ1
  - こしょう適量
- 玉ねぎ（輪切り）1/4個
- 赤パプリカ（くし形に切る）1/2個
- サニーレタス（一口大に切る）適量
- Ⓑ
  - 長ねぎ（みじん切り）1/2本
  - ごま油大さじ1～1 1/2
  - レモン汁大さじ1
  - 砂糖小さじ2
  - ナンプラー小さじ1
  - こしょう適量

① 牛肉をAに漬け、しばらくおく。

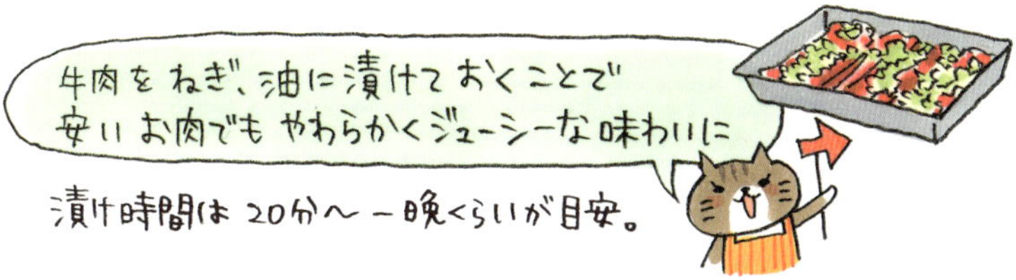

牛肉をねぎ、油に漬けておくことで
安いお肉でもやわらかくジューシーな味わいに
漬け時間は20分～一晩くらいが目安。

② フライパンで①を漬け汁ごと焼き、玉ねぎ、パプリカも一緒に焼く。

①の牛肉
玉ねぎ
パプリカ

③ ②とサニーレタスをごはんにのせ、よく混ぜたBをかける。

Ⓑのタレ
長ねぎ
レモン汁
ナンプラー
砂糖
ごま油
こしょう

ザッツ☆がっつり系!
カルビ肉から出る
ジューシーな肉汁と油が
ごはんとからんで
ウマウマです。
肉ばっかりはイヤ…という人は
焼き野菜を増やすといいわよ
ジャッ

牛肉のビール煮丼

材料：

- 玉ねぎ（薄切り）1/4個
- にんにく（みじん切り）1かけ
- 牛こま切れ肉200ｇ
- 小麦粉小さじ2
- 中濃ソース大さじ1
- 生クリーム小さじ1
- Ⓐ
  - ビール1/2カップ
  - ハチミツ大さじ1
  - 顆粒コンソメ大さじ1/2
  - ローリエ1枚
  - 粗びきこしょう適量
- バター・オリーブオイル・パセリ（みじん切り）適量

① フライパンにバター、オリーブオイルを熱して玉ねぎ、にんにくを炒める。

バター
オリーブオイル
にんにく
玉ねぎ

② ①がしんなりしてきたら牛肉と小麦粉を加え少々炒め、Ａを加えて汁気がなくなるまで煮る。

牛肉
小麦粉
Ⓐ
ビール
ハチミツ
コンソメ
粗びきこしょう
ローリエ

③ ②に中濃ソースと生クリームを加えてひと混ぜし、ごはんにのせてパセリをかける。

中濃ソース
生クリーム
パセリ

バターと生クリームがリッチ感を出している、洋食屋さんが作った牛丼風。

ビールで牛肉を煮ると"とろり"とやわらかくなって長時間煮込んだようなコクも出るんです。

ビールの苦みやお酒くささはとんじゃいます

タコライス

材料：
- 牛ひき肉100ｇ
- レタス（細切り）2枚
- トマト（角切り）1/2個
- チーズ（細切り）・サラダ油適量

Ａ｛しょうゆ・ソース大さじ1/2
オイスターソース小さじ1
ナツメグ・塩こしょう適量

① フライパンにサラダ油を熱して牛ひき肉を炒め、Aを加えて汁気がなくなるまで炒める。

サラダ油
牛ひき肉
A
塩
こしょう
S
P
オイスターソース
しょうゆ
ソース
ナツメグ

② ごはんにレタスをしいて①をのせ、トマト、チーズを散らす。

レタス → ひき肉 → トマト チーズ をのせる
マヨネーズや半熟卵を
のせても おいしいよ

いわずと知れた
沖縄出身のライスボール。
これは辛くない和風な
味つけですが、辛い
タコライスが好みの人は
サルサソースをかけてね
オイスターソースを入れると
奥深い味わいに。

豚肉

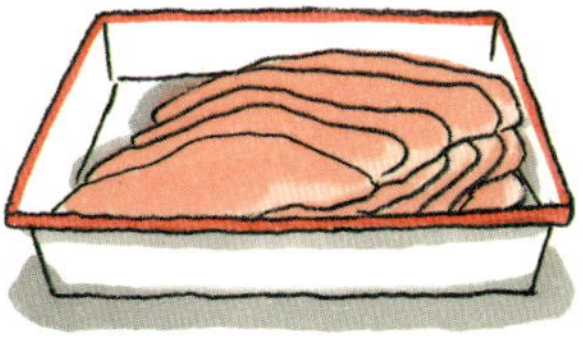

牛肉より安価で、ビタミンも豊富な
豚肉はとても便利な食材。
牛肉とはまたちがった味わいも魅力。

カツ丼

材料：

Ⓐ
- だし汁1/2カップ
- しょうゆ大さじ2 1/2
- みりん大さじ2
- 酒・砂糖大さじ1

- 玉ねぎ（薄切り）1/4個
- トンカツ（適当な大きさに切る）2枚
- 溶き卵2個分
- 三つ葉（ざく切り）適量

① 鍋にAを煮立て、玉ねぎを加える。

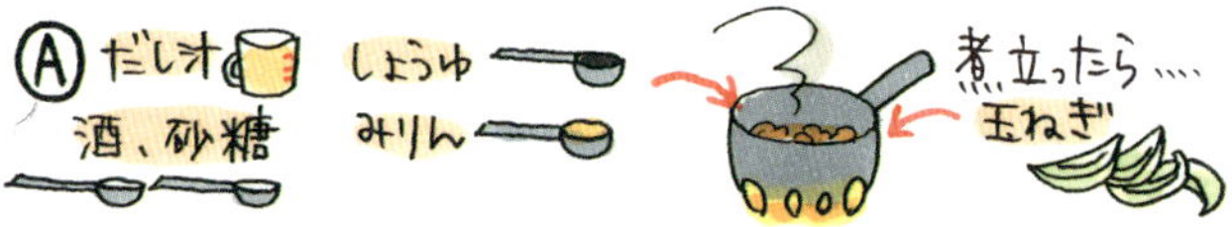

Ⓐ だし汁
酒、砂糖
しょうゆ
みりん
煮立ったら……
玉ねぎ

② 玉ねぎがしんなりしてきたら、温めたトンカツを加えて卵でとじ、
ごはんにのせて、三つ葉をのせる。

温めたトンカツ
溶き卵
三つ葉
カツ
ごはん

この"カツ丼"もフェイバリット丼の
上位ランクインまちがいなしの
定番もの。

だしのきいたつゆで煮た
くったりしたカツ、玉ねぎが
しみじみおいしい。
食べごたえも満点です。

昔、運動会の前に食べたな〜
あたし受験の前〜

にんにくたっぷり豚肉丼

材料：
- 豚肉（しゃぶしゃぶ用）200g
- Ⓐ
  - にんにく（みじん切り）2かけ
  - しょうが（すりおろす）1かけ
  - しょうゆ大さじ1 1/2
  - 酒・ハチミツ大さじ1
- チンゲン菜（茹でて一口大に切る）1/2株
- Ⓑ
  - マヨネーズ大さじ2
  - にんにく（すりおろす）小さじ2
  - 砂糖小さじ1
- サラダ油適量

① 豚肉とAをビニール袋へ入れ、もみこんでおく。
② フライパンにサラダ油を熱し、①を漬け汁ごと入れて、中～強火で炒める。
③ ごはんにチンゲン菜をしいて②を汁ごとのせ、よく混ぜたBをかける。

もみこんでおくとお肉がやわらか～くなります。

にんにくをたっぷりきかせたしょうが焼丼です。

上にかけたマヨネーズと肉のタレの味がバツグンの相性でやみつきになる味。

豚しゃぶごまダレ丼

材料：
- 豚肉（しゃぶしゃぶ用）200g
- 水菜（ざく切り）1/2株
- 大葉・みょうが（各せん切り）・ごま適量
- Ⓐ
  - しゃぶしゃぶ用ごまダレ大さじ4
  - ポン酢大さじ2
  - ラー油小さじ2
  - 砂糖小さじ1

① 豚肉はさっと茹でて水気を切る。
② ごま以外の材料と①をよく混ぜたAであえ、ごはんにのせてごまをかける。

さっぱり食べられて、スタミナのつく丼です。夏バテ気味の人におすすめ。

ポークジンジャーマーマレード丼

材料：
- 豚ひれ肉200ｇ
- トマト（輪切り）1/2個
- 玉ねぎ（輪切り）1/4個
- 塩こしょう・片栗粉・ベビーリーフ・バター適量

Ⓐ
- コンソメスープ1/4カップ
- しょうゆ大さじ1 1/2
- マーマレード大さじ1/2
- にんにく・しょうが（各すりおろす）小さじ1

① 豚肉はめん棒でたたき、塩こしょうをし、片栗粉をまぶす。

② フライパンにバターを熱し、①とトマトを両面軽く焼き、取り出す。

③ ②のフライパンで玉ねぎを炒め、豚肉とＡを加えて少々煮込む。

④ とろみがついたら②のトマトとともにごはんにのせ、ベビーリーフを添える。

名前だけ見ると どんな味!?

と、不安になりますが….

しょうゆ味の後にほんのり甘みが広がる、といった感じ。

マーマレードには豚肉のうまみを引き出す効果もあるんだとか。

"ハニーマスタード"系の味に抵抗のない人なら気に入るかと。

ラフテー丼

材料：
- 豚ばらブロック肉400ｇ
- Ⓐ 長ねぎ（青い部分）1本／しょうが（薄切り）1かけ／にんにく（つぶす）2かけ
- 小松菜（茹でて一口大に切る）1/2株
- Ⓑ だし汁2カップ／泡盛（なければ酒）1カップ／黒砂糖大さじ5／しょうゆ1/2カップ
- からし適量

① 豚肉をかたまりのまま全面焼き、お湯でよく洗う。鍋に入れ、ひたひたの水とAを加え30分ほど煮る。

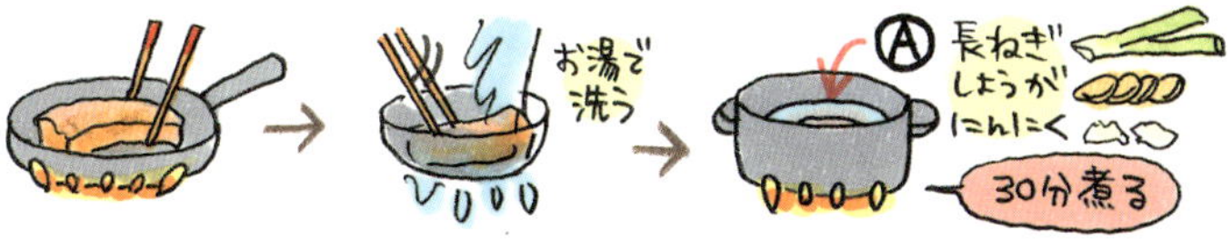

② ①の肉を取り出し、3cm幅に切り、①の煮汁1カップ、Bと一緒に弱火で2時間煮込む。
③ ②を小松菜と一緒にごはんにのせ、からしを添える。

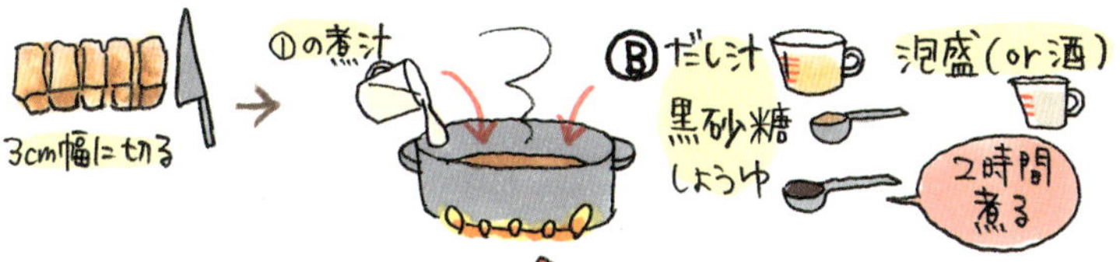

ゴロゴロッとラフテー（豚の角煮）をのせた豪快な丼です。

余った煮汁にむいた茹で卵を漬けておくと煮卵になるわよ

ビニール袋などで漬けると全体に味がしみこみます。

コトコトと煮込んだラフテーはしっかり味がしみこんで、ホフッとやわらか。

泡盛をちびちび飲みながら食べるのもおいしいね〜

鶏肉

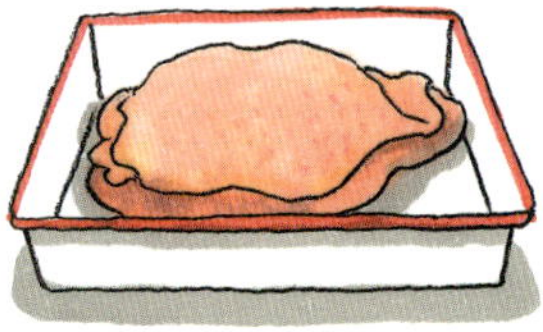

他のお肉に比べてローカロリーなのがうれしい。さっぱり、たんぱくな味ですがいいだしがたっぷり出る実力派素材。

親子丼

材料：

- Ⓐ だし汁1/2カップ
- 　 酒・しょうゆ・みりん大さじ2
- 鶏もも肉（一口大に切る）1枚
- 長ねぎ（斜め薄切り）1本
- 溶き卵3個分
- 三つ葉・のり（それぞれ一口大に切る）適量

① 鍋にＡを入れて煮立て、鶏肉と長ねぎを加えて火が通るまで煮る。

Ⓐ だし汁
酒
しょうゆ
みりん
長ねぎ
鶏肉
火が通るまで煮る

② ①に卵をまわしかけ、半熟になったらごはんにのせて三つ葉とのりをかける。

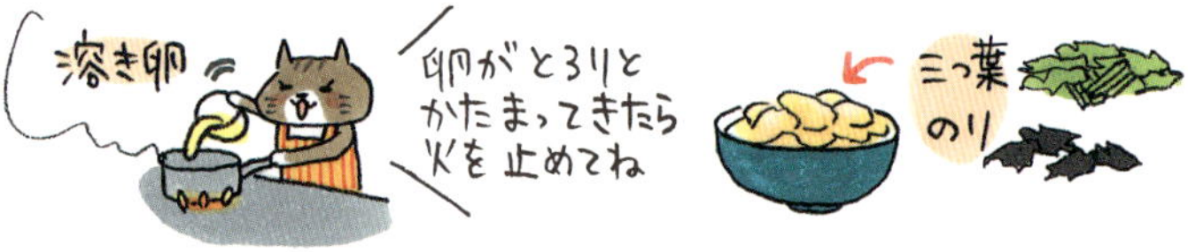

溶き卵
卵がとろりとかたまってきたら火を止めてね
三つ葉
のり

丼の定番中の定番！ですよね。
簡単に作れて、おいしいところがナイス！ 鶏肉ととろとろ卵のやさしい味わいは、

ほっこり和む〜
長ねぎを玉ねぎにしてもOKよ〜

鶏そぼろ丼

材料：

- 鶏ひき肉200ｇ
- Ⓐ
  - しょうゆ大さじ2 1/2
  - みりん・酒・砂糖大さじ1
- インゲン（茹でて斜め薄切り）3本
- Ⓑ
  - 溶き卵2個分
  - だし汁・砂糖・うす口しょうゆ小さじ2
- サラダ油適量

① フライパンにサラダ油を熱して鶏ひき肉を炒め、Ａを加えて汁気がなくなるまで煮詰めて取り出す。
② フライパンにサラダ油を熱して、よく混ぜたBを入れて炒め、炒り卵を作る。
③ ごはんに①と②をそれぞれ盛り、インゲンを彩りよく添える。

お弁当では定番のそぼろ。
ごはんがどんどこすすむ
味つけです。

インゲンの代わりに
さやえんどうやアスパラ、
かいわれなどでもOK。

鶏肉のとろ～りトマトチーズ丼

材料：

- 鶏もも肉（4等分にする）1枚
- スライスチーズ2枚
- 塩こしょう・サラダ油適量
- Ⓐ
  - ブロッコリー（小房に切る）1/4株
  - パスタ用トマトソース1カップ
  - コンソメスープ1/2カップ

① フライパンにサラダ油を熱し、塩こしょうをした鶏もも肉を両面焼く。Ａを加え、10分ほど煮る。
② ①の鶏肉にチーズをのせてふたをし、チーズが溶けたらごはんにのせ、お好みでバジルの葉を飾る。

チキン、トマト、チーズとくれば
最高のコラボレーション！ うまし。

パスタ用トマトソースがない場合、
トマトの水煮缶＋顆粒コンソメ＋
玉ねぎ・にんにくのみじん切りを炒めたものを
15分ほど煮込む。

鶏手羽先の梅風味丼

材料：
- 鶏手羽先6本
- 長ねぎ（3cm幅に切る）1本
- エリンギ（縦に裂く）2本
- 小麦粉・かいわれ・サラダ油適量

Ⓐ
- だし汁1/2カップ
- しょうゆ・砂糖・酒大さじ2
- 酢大さじ1/2
- 梅干し1個

① 手羽先は骨に沿って切りこみを入れて開き、小麦粉をまぶしておく。

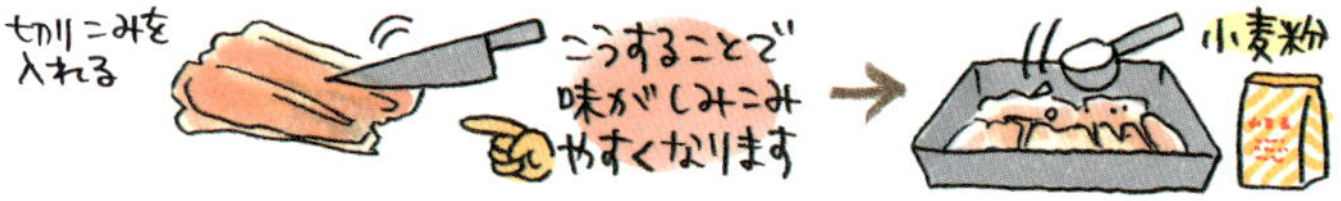

② フライパンにサラダ油を熱し、①、長ねぎ、エリンギを両面焼いて取り出す。

③ 鍋にＡと②の手羽先を入れ、煮詰める。

④ 汁気がなくなってきたら長ねぎ、エリンギを加えて汁とからめ、
ごはんにのせて、かいわれをのせる。

ほんのり梅の酸味が
ただようタレがごはんにも
手羽先にもよ〜く合ってます。

お酢と梅干しは お肉を
やわらかくする効果が。
煮込むことで酸味がとび、
コクが増します。

鶏肉クリーム煮丼

材料：
- 鶏むね肉（一口大に切る）1枚
- 玉ねぎ（薄切り）1/4個
- ホワイトソース缶1/2缶
- 味噌大さじ1/2
- ブロッコリー（小房に切り、茹でる）1/4株
- 塩こしょう・小麦粉・サラダ油適量

① 鶏むね肉に塩こしょうをし、小麦粉をまぶす。

塩
こしょう
S
P
小麦粉

② フライパンにサラダ油を熱して①を両面焼き、玉ねぎを加えてしんなりするまで炒める。

①の鶏肉
玉ねぎ

③ ②にホワイトソース缶、味噌、水1/4カップを加え煮込む。

ホワイトソース
水
味噌

④ ③にブロッコリーを加え、塩こしょうで味を調えごはんにのせる。

ブロッコリー
S
P
塩・こしょう

ホワイトソースに味噌をプラス！
味に深みが増して、ごはんや
たんぱくな鶏肉、野菜などと
よくマッチするんです。

体がほくほく
あったまるぞー
"ホワイトシチューがけごはん"が好きな人はぜひ。

シーフード／エビ

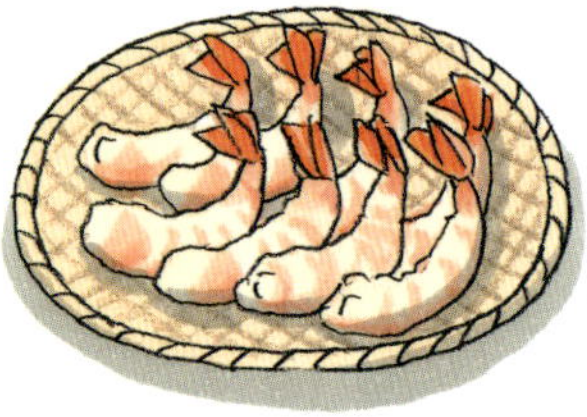

シーフードの中でリッチ度が高く
濃い味にファンが多いエビを
使ったプチ豪華な丼です。

ゴロゴロ エビフライ丼

材料：
- サニーレタス（一口大に切る）適量
- エビフライ（一口大に切る）4本

Ⓐ
- マヨネーズ大さじ3
- ピクルス（みじん切り）小1本
- うす口しょうゆ小さじ2
- にんにく（すりおろす）小さじ1

① ごはんにサニーレタスをしき、温めたエビフライをのせる。

レタス
温めたエビフライ

エビフライは
手作りでも、おそうざいの
ものでも。

② よく混ぜたＡをかける。

Ⓐ マヨネーズ
ピクルス
しょうゆ
すりおろし
にんにく

フライだし、油っぽいかな…と
思ったけれど タルタルソースとは
ひと味ちがった 和風マヨネーズソース&
レタスで ライトな印象。
にんにくの香りが 食欲を
そそります。

小さい子の
テンションが
上がりそうな丼

●エビマヨ丼●

材料：
- ●エビ（殻をむき背わたを取る）8尾
- ●ブロッコリー（小房に切り、茹でる）1/4株
- ●天ぷら粉・パクチー（ざく切り）適量

Ⓐ
- スイートチリソース大さじ3
- マヨネーズ大さじ2
- レモン汁大さじ1
- ナンプラー小さじ1

① エビを表示の水でといた天ぷら粉で揚げる。

天ぷら粉

② ①をよく混ぜたＡであえて、ごはんにのせる。

Ⓐ
スイートチリソース
マヨネーズ
レモン汁
ナンプラー

③ ②にブロッコリー、パクチーを添え、お好みで粗びきこしょうをかける。

マヨ好きには
たまらんメニュー！

中華料理で人気の「エビマヨ」をごはんにのっけちゃいました。

こってり度は高いものの、食べ飽きずにペロリといけちゃいます。

スイートチリソースのきいたマヨネーズソースは魚介のボイルやフライ、茹で野菜との相性がバツグン！

ボリュームある～

シーフード／その他

タコ、あさり、カニ缶を使った丼です。
ブランチに、夕飯に、お酒と一緒に…と
シチュエーションに合わせて楽しめますよ。

ピリ辛タコキムチ丼

材料：
- 茹でタコ（一口大に切る）2本
- にんにく（みじん切り）1かけ
- 長ねぎ（白髪ねぎにする）・ごま・サラダ油適量

Ⓐ
- キムチ（ざく切り）100g
- 長いも（短冊切り）3cm
- にら（3cm幅に切る）3本
- しょうゆ大さじ1/2

① フライパンにサラダ油を熱し、タコとにんにくを軽く炒める。

タコ
にんにく
タコは炒めすぎるとかたくなるのでさっと炒めましょう

② ①にＡを加え、ひと混ぜしてごはんにのせ、長ねぎとごまをかける。

Ⓐ キムチ
長いも
にら
しょうゆ
長ねぎ
ごま

プリッとしたタコに
ピリリと辛いキムチが
からんだ大人向けの丼。

長いもの食感もグー。

ビールに合う〜
日本酒にもね
ぷはっ

アジアンあさり丼

材料：

- 玉ねぎ（みじん切り）1/4個
- 赤唐辛子（小口切り）1本
- あさり（砂出ししておく）200g
- 酒1カップ
- パクチー（ざく切り）・バター適量
- Ⓐ ナンプラー小さじ1 / 砂糖小さじ1 / 顆粒コンソメ大さじ1/2
- レモン汁大さじ1

① フライパンにバターを熱し、玉ねぎ、赤唐辛子を炒める。
② ①にあさりを加えてひと混ぜし、酒を入れてふたをする。
③ あさりが開いたらAを加えてひと煮立ちさせ、レモン汁とパクチーを加え、ごはんにのせる。

あさりのうまみが凝縮されたスープがごはんにしみこんでうま～い！あさりははまぐりでもおいしいです。

エスニック風で新しい味～

トマトのふわふわカニたま丼

材料：

- Ⓐ セロリ（斜め薄切り）1/2本 / しょうが（せん切り）・にんにく（みじん切り）1かけ
- 水溶き片栗粉大さじ1強
- 溶き卵2個分
- 万能ねぎ（小口切り）・粉チーズ・サラダ油適量
- Ⓑ トマトソース1/2カップ / 鶏ガラスープ1/2カップ / たけのこ水煮（せん切り）50g / カニ缶1缶

① フライパンにサラダ油を熱してAを炒め、Bを加えて10～15分煮込む。
② ①に水溶き片栗粉でとろみをつけ、卵をまわし入れる。
③ 卵が半熟になったらごはんにのせ、万能ねぎと粉チーズをふる。

カニの風味が濃厚～なんですが、トマトの酸味としょうがの香りでくどくない仕上がりに。

残ったトマトソースは冷凍保存しておくと便利です

シーフード／刺身

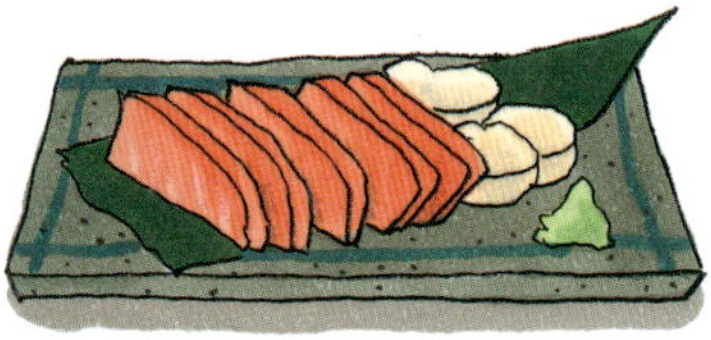

普段のごはんにはもちろん、
おもてなしにも使える海鮮丼。
お刺身が余っちゃった…なんて時も
役立つレシピです。

まぐろ漬け丼

材料：
- まぐろ刺身（サイコロ状に切る）100ｇ
- のり（一口大に切る）適量
- Ⓐ しょうゆ・酒・みりん大さじ1/2
  長ねぎ（小口切り）・しょうが（すりおろす）
  ・大葉・みょうが（各せん切り）適量

① まぐろをＡに漬けてしばらくおく。

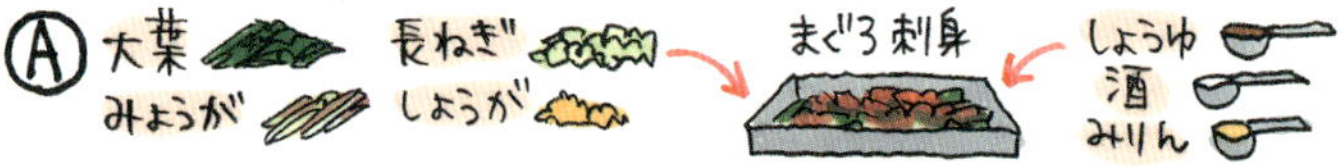

漬ける時間は1時間くらいが目安

前日の夜から漬けておけば、味がしみこんで
なおGOOD！

② ごはんにのりと①をのせる。

漬けダレに香味野菜を
一緒に漬けこむことで
風味の良いさっぱりした
漬け丼になります！

韓国風ホタテ丼

材料：
- ホタテ貝柱8個
- 水菜（ざく切り）適量
- A
  - マヨネーズ大さじ2
  - コチュジャン小さじ1
  - 豆板醤適量

ホタテと水菜を
よく混ぜたAであえ、
ごはんにのせる。

甘ピリ辛な味が食欲を
そそる一品。まったりこってり系ですが
水菜のシャキシャキ感が
いいアクセントに。

このマヨダレは甘エビやイカの
お刺身でも合います！
ためしてみてね。

ねぎトロ丼

材料：
- まぐろ刺身（ねぎトロ用）100g
- 万能ねぎ（小口切り）・にんにく（すりおろす）・わさび・しょうゆ・オリーブオイル・長ねぎ（白髪ねぎにする）適量

長ねぎ以外のすべての材料を混ぜ、ごはんにのせる。上に長ねぎをのせる。

趣向を変えた洋風のねぎトロ丼
です。すりおろしにんにくが
魚のくさみを消すので お刺身
ぎらいの人でも気に入るのでは!?

ごはんだけじゃなく
パンやクラッカーにのせても美味。
ワインのおつまみにも
使えちゃう！

カリフォルニア丼

材料：

Ⓐ
- オリーブオイル・酢・レモン汁大さじ1/2
- 砂糖小さじ1
- 塩こしょう・ごま適量

● きゅうり（せん切り）1/2本

Ⓑ
- アボカド（斜め薄切り）1/2個
- サーモン刺身（一口大に切る）100g
- マヨネーズ大さじ2
- いくらしょうゆ漬け・しょうゆ大さじ1
- ・イタリアンパセリ（みじん切り）・わさび適量

① Aをごはんとよく混ぜる。

Ⓐ オリーブオイル
酢、レモン汁
ごま
砂糖
塩・こしょう
S P
ごはん

② よく混ぜたBときゅうりを①へのせ、お好みでイタリアンパセリを飾る。

Ⓑ アボカド
サーモン
いくらしょうゆ漬け
しょうゆ
マヨネーズ
イタリアンパセリ
わさび
きゅうり
イタリアンパセリ
①のごはん

彩りのキレイなカフェ風丼。
サーモンの脂とアボカドの
トロッと感がサワーライスと
ピッタリきます。

イタリアンパセリが全体の味の
ひきしめ役。

ふつうのパセリとは
またちがった香り

食べてるとあらわれる
イクラのプチプチ感もオツだね〜
!

白身魚の塩昆布あえ丼

材料：
- 白身の刺身（一口大に切る）100ｇ
- ごま・万能ねぎ（小口切り）適量

Ⓐ
- 塩昆布（細切り）・うす口しょうゆ大さじ1
- オリーブオイル小さじ2
- わさび適量

① 刺身をＡであえ、少し時間をおいてなじませる。

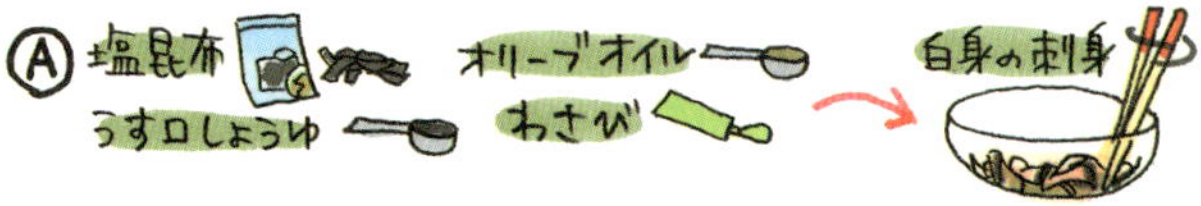

② ①をごはんにのせ、ごまと万能ねぎをかける。

昆布のうまみがお刺身にたっぷりからんでうまうま！ オリーブオイルの香りも合う〜。

このままでも、お茶漬けにしても絶品だ！

ごま風味のあじ味噌丼

材料：
- あじ刺身（一口大に切る）100ｇ
- 大葉（せん切り）適量

Ⓐ
- 味噌・みりん大さじ1
- すりごま大さじ1/2
- しょうが（すりおろす）・からし・しょうゆ適量

刺身をＡであえ、大葉をしいたごはんにのせる。

千葉の漁師料理、あじのなめろうをアレンジ。 あじのくさみが消えて、まろやかな甘めの味噌味は大人から子供までよろこばれそう。

ひといき コラム

丼にもう一品プラスしたい時に 役立つ小鉢の
レシピです。足りない栄養をおぎないましょう〜。

ワカメとツナのピリ辛あえ

これで
食物繊維を
おぎないましょ

材料：
- 乾燥ワカメ（水で戻しておく）4g
- ツナ缶（汁気を切る）1缶
- 酢・ごま油大さじ2
- コチュジャン小さじ1

材料をすべて混ぜる。

レタスとハムのチーズコールスロー

コールスローならサラダ嫌いの
チビッ子にも食べやすい！

材料：
- レタス（一口大に切る）1/4個
- ハム（角切り）4枚
- ピーマン（輪切り）適量
- A
  - マヨネーズ・粉チーズ大さじ1
  - レモン汁大さじ1/2
  - 粗びきこしょう適量

レタス、ハム、ピーマンを、
よく混ぜたAであえる。

きゅうりとシラスの酢のもの

こってりした丼に添えたい一品

材料：
- きゅうり（輪切り）1本
- 酢・みりん大さじ2
- シラス大さじ1
- しょうが（すりおろす）・塩適量

きゅうりを塩水に10分浸し、絞って水気を切り、その他の材料と混ぜる。

のりの佃煮

お手製の佃煮
なんていかが？

材料：
- のり（こまかくちぎる）5枚
- だし汁3/4カップ
- しょうゆ小さじ2
- 塩適量

① 鍋にだし汁を入れてひと煮立ちさせ、のりを加えて溶けるまで煮る。
② しょうゆ、塩で味を調え、冷ます。

万能ねぎとタラコのさっと炒め

丼の残ってしまったごはんに
かけて食べるのもグー！

材料：
- 万能ねぎ（ざく切り）1束
- タラコ（ほぐす）1本
- 酒・サラダ油適量

タラコはほぐして酒を混ぜる。フライパンでサラダ油を熱して万能ねぎを炒め、火を止めてタラコと混ぜる。

4章

各国どんぶり

- 韓国
- タイ
- ハワイ
- スペイン
- アフリカ
- シンガポール

日本でおなじみのものから
一風変わったものまで
他国出身の丼たちを集めてみました

韓国

ビビンバ丼

材料：

- Ⓐ
  - もやし（茹でる）100ｇ
  - ごま油大さじ1/2
  - 砂糖小さじ1
  - 塩適量
- Ⓑ
  - にんじん（せん切り）3cm
  - 大根（せん切り）1cm
  - 酢・砂糖大さじ1
  - ラー油小さじ1
- 牛ひき肉50ｇ
- Ⓒ
  - ほうれん草（茹でて3cm幅に切る）1/2束
  - めんつゆ・すりごま大さじ1
- Ⓓ
  - しょうゆ・砂糖大さじ1/2
  - コチュジャン小さじ1
- Ⓔ
  - コチュジャン大さじ2
  - 酢・しょうゆ大さじ1
  - ごま油・みりん大さじ1/2
  - 豆板醤小さじ1/2
- ごま油適量

① A、B、Cはそれぞれ混ぜる。フライパンにごま油を熱して牛ひき肉を炒め、Dで味つけする。

Ⓐ
もやし
ごま油
砂糖
塩
Ⓑ
にんじん
大根
ラー油
酢.砂糖
Ⓒ
ほうれん草
めんつゆ
すりごま
Ⓓ
牛ひき肉
しょうゆ
砂糖
コチュジャン

ナムルは市販の盛りあわせでもOK
便利よね

② ①をごはんに盛り、よく混ぜたEをかける。

Ⓔ
コチュジャン
酢・みりん
しょうゆ
ごま油
豆板醤
かける

韓国焼き肉屋さんで
おなじみ"ビビンバ"です。

ごま油の香りが
食欲をそそります。

生卵をのせて豪快に
混ぜて食べるのが好き～

ユッケジャンクッパ

材料： ●牛こま切れ肉100ｇ

Ⓐ
- コチュジャン・砂糖大さじ1
- しょうゆ大さじ1/2
- 豆板醤小さじ1

●だし汁2カップ
●サラダ油適量

Ⓑ
- キムチ（ざく切り）100ｇ
- にら（ざく切り）4本
- 長ねぎ（斜め薄切り）1/2本
- にんにく（つぶす）1かけ
- しょうゆ・味噌大さじ1/2

① フライパンにサラダ油を熱して牛肉を炒め、Aで味をつけて取り出す。
② 鍋にだし汁とBを入れ、火にかける。沸騰したらごはんを加え、少々煮る。
③ ②を器に盛り、①をのせる。

韓国でポピュラーな雑炊。
甘く濃いめに味つけした牛肉と
ピリ辛のスープが絶妙なおいしさ。

余ってる野菜をたっぷり加えれば体にも◎！

チヂミ丼

材料： ●お好み焼き粉100ｇ
●キムチ（一口大に切る）100ｇ
●にら（ざく切り）3本
●豚ばら肉（3cm幅に切る）50ｇ

Ⓐ
- ごま油・コチュジャン・酢大さじ1/2
- 豆板醤・みりん・しょうゆ小さじ1

●ごま油適量

① お好み焼き粉は表示の水で溶き、キムチ、にらを加えて混ぜる。
② フライパンにごま油を熱し、豚肉を並べる。その上に①をのせ円形に伸ばして両面こんがり焼く。
③ ②を適当な大きさに切ってごはんにのせ、よく混ぜたAをかける。

お好み焼き粉を使えば、手軽に
おいしいチヂミが完成！

強めの火力で焼けば
外はカリカリ、中はふっくらと仕上がります！

抵抗ない人はぜひ。

粉ものとごはんを一緒に
食べる大阪的な丼

タイ

トムヤム雑炊

材料：
- トムヤムペースト・ココナッツミルク大さじ1
- ナンプラー大さじ1/2
- パクチー（ざく切り）適量

Ⓐ
- エビ（殻をむいて背わたを取る）4尾
- マッシュルーム（4つ割り）2個
- トマト（ざく切り）1/2個
- 赤唐辛子1本

① 水2カップとトムヤムペーストを鍋で煮立て、Aを加える。

② エビに火が通ったらごはんを加え、ナンプラー、ココナッツミルクを入れてひと煮立ちさせ、器に盛りパクチーを添える。

タイ料理の"トムヤムクン"をリゾット風にアレンジ。

エスニック風味満点でトムヤムクン好きにはたまらない一品です。

ココナッツミルク入りでマイルドな仕上がり。

ココナッツミルク → ヨーグルト
マッシュルーム → しめじ・エリンギ
代用可能です。

ガパオ

材料：

- Ⓐ
  - にんにく（みじん切り）1かけ
  - 赤唐辛子（小口切り）1本
  - オリーブオイル適量
- 牛こま切れ肉100ｇ
- 赤パプリカ（角切り）1/4個
- バジル（せん切り）10枚
- Ⓑ
  - チリソース・ナンプラー・ウスターソース大さじ1/2
  - 砂糖大さじ1
- 目玉焼き2枚
- レモン（くし形に切る）適量

① フライパンでAを炒め、牛肉とパプリカを加えてさらに炒める。
② 肉の色が変わったらバジルを加え、Bで味をつけてごはんにのせる。
③ 目玉焼きを②にのせ、レモンとお好みでバジルを飾る。

たっぷり入ったバジルの香りが決め手。牛肉は豚肉やひき肉でもおいしい。

レモンをしぼるとさっぱりした口当たりに。

タイ風春雨サラダ丼

材料：

- エビ（殻をむいて背わたを取る）4尾
- 牛ひき肉50ｇ
- Ⓐ
  - ナンプラー大さじ2
  - ハチミツ大さじ1 1/2
  - レモン汁・チリソース大さじ1
  - 赤唐辛子（小口切り）1本
- Ⓑ
  - 春雨（茹でて水気を切る）20ｇ
  - 赤パプリカ（せん切り）1/4個
  - パクチー（ざく切り）適量
- オリーブオイル適量

① フライパンでオリーブオイルを熱してエビ、ひき肉を炒め、Aを加えて少々煮る。
② ①にBを加えてひと混ぜし、ごはんにのせる。

牛肉やエビ、春雨の具だくさんホットサラダをごはんにのせました。お肉とエビのだしをたっぷり吸った春雨とごはんはクセになる組み合わせ。

ハワイ

ロコモコ

材料：
- トマト（輪切り）1/2個
- ハンバーグ2個
- Ⓐ ソース・ケチャップ大さじ1／砂糖大さじ1/2
- レタス（一口大に切る）適量
- 目玉焼き2枚
- オリーブオイル適量

① フライパンでオリーブオイルを熱してトマトを両面焼き、取り出す。

トマト

② 鍋に温めたハンバーグを入れ、Aを加えて少々煮る。

ハンバーグ
手作りのものでも
レトルトでもOK
Ⓐ ソース
ケチャップ
砂糖

③ ごはんにレタスと①のトマト、②をのせ、上に目玉焼きをのせる。

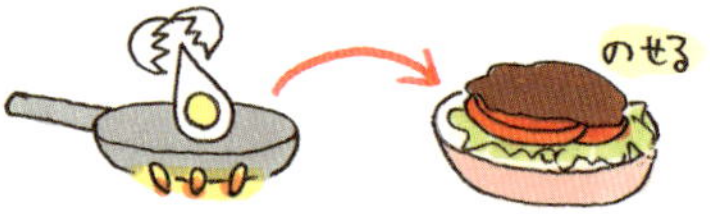
のせる

ハワイ名物のライスボール
"ロコモコ"は カフェめしとして
日本でも おなじみですよね。

目玉焼きのせ
ハンバーグって
子供はもちろん
大人の男性も
大好きじゃない？
たしかに

とろけるチーズをのせるのも
おいしいですよ。

スペイン

パエリア

材料：
- 玉ねぎ（みじん切り）1/4個
- にんにく（みじん切り）1かけ
- 鶏もも肉（一口大に切り塩こしょうをする）1/2枚
- シーフードミックス50ｇ
- パプリカ（細切り）1/4個
- トマト（角切り）1/4個
- Ⓐ
  - 顆粒コンソメ大さじ1
  - ターメリック大さじ1/2
  - カレー粉小さじ1
  - 塩こしょう適量
- オリーブオイル適量

① フライパンにオリーブオイルを熱して玉ねぎ、にんにくを炒める。

オリーブオイル
玉ねぎ
にんにく

② 玉ねぎが透き通ったら、鶏肉、シーフードミックス、パプリカを加えてさらに炒める。

鶏肉
シーフードミックス
パプリカ

③ 炒めている間に出た汁を取り出し、トマトとごはんを加えひと混ぜする。

汁を取り出す
トマト
ごはん

④ ③にAを加えて取り出した汁を戻し入れて混ぜ、ふたをして強火で煮詰める。

Ⓐ コンソメ
ターメリック
S
塩・こしょう
P
カレー粉
③の汁
フタ
強火

サフランではなく、ターメリックを使ったフライパンで簡単にできる お手軽パエリアです。

レモンをしぼるのも おすすめ
味は本格的だし お家でレストラン気分〜
香ばしい おこげの おいしい おまけつき。

アフリカ

●カリア丼●

材料：

Ⓐ
- 牛肉（シチュー用角切り）200ｇ
- 玉ねぎ（みじん切り）1/2個
- にんにく・しょうが（各みじん切り）1かけ

Ⓑ
- オールスパイス大さじ1
- 塩小さじ1
- 粗びきこしょう適量

Ⓒ
- コンソメスープ1カップ
- トマト（角切り）2個
- パクチー（みじん切り）大さじ3

●溶き卵2個分
●オリーブオイル適量

① フライパンにオリーブオイルを熱し、Ａを炒める。

オリーブオイル
Ⓐ
牛肉
にんにく
玉ねぎ
しょうが

② 肉の色が変わったらＢを加え、10分ほど炒める。さらにCを加えて肉がやわらかくなるまで煮込む。

Ⓑ
オールスパイス
塩
粗びきこしょう
Ⓒ
コンソメスープ
トマト
パクチー

③ ②に卵をまわしかけ、半熟状になったらごはんにのせる。

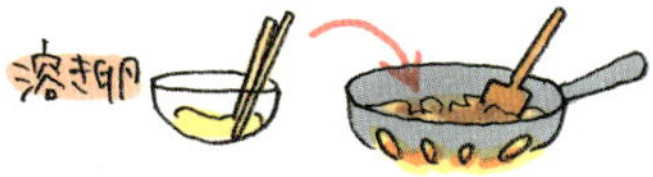

溶き卵

"カリア"とはモロッコ風
ミートソースのことよ
へ〜っ
ゴロゴロした角切り肉と刻んだ
パクチーをたっぷり入れて煮込むので
パンチのある味です。
スパイシー
で
ワイルド〜
溶き卵がとんがった味を
やわらかくまとめてます。

シンガポール

・チキンライス・

材料： ●鶏もも肉1枚

Ⓐ
- しょうが（薄切り）1かけ
- 長ねぎ（青い部分）1本
- 鶏ガラスープの素大さじ1
- 塩適量

●にんにく（みじん切り）1かけ
●玉ねぎ（みじん切り）1/4個
●米1カップ

Ⓑ
- きゅうり（せん切り）1/2本
- トマト（くし形に切る）1/2個
- パクチー（ざく切り）適量

●ごま油適量

〈タレ〉

Ⓒ
- しょうゆ大さじ1
- しょうが（すりおろし）大さじ1/2
- ごま油小さじ1

●スイートチリソース適量

① 鍋に鶏肉とAを入れ、水をひたひたになるまで注ぎ、30分煮て冷ます。茹で汁はとっておく。

Ⓐしょうが
長ねぎ
鶏もも肉
鶏ガラスープ
塩
水
30分煮る

② フライパンでごま油を熱してにんにくと玉ねぎを炒める。
米を加えてさらに炒めて炊飯器に入れ、①の茹で汁で炊く。

ごま油
にんにく
玉ねぎ
①の茹で汁で炊く

③ ②を食べやすい大きさに切った鶏肉とともに器に盛り、Bを添える。
④ よく混ぜたC、スイートチリソースをそれぞれ小皿に入れる。

"チキンライス"というと
ケチャップライスのものを思い浮かべ
がちですが、
鶏ガラスープで炊いたごはんに
蒸し鶏をのせて食べるのが
シンガポール流。

タレは別々でも合わせてかけても
ちがったおいしさが味わえます!
お好みでレモンを
しぼっても。
うまっ

おわりに。

小さい頃「どんぶり」というと外食や出前で食べることが
多かったからか、気軽に食べられるようになった今でも
ちょっぴり「ごちそう」気分がします。
どんぶりのふたを開ける時のあのワクワク感がすごく好きでした。

ふたを開けるとあらわれる
みっちりとよそられたごはんと具、
ただようふっかりとした湯気。

どんぶりの、こんもり盛られたビジュアルを見るだけで
不思議と幸せを感じてしまうのは何でなのかな？

大きなどんぶりを手に、ほおばって食べるあのぜいたくな感じ。
１つの器の中でくりひろげられる、
ごはんとおかずとツユの融合…！
どんな組み合わせがベストかはあなたしだい。
どうぞ、本書を使って探し出してみてください。
オリジナルどんぶりもどんどん作ってみてください。

今日あたり「どんぶり」食べませんか？

制作裏話

本書のレシピ作成＆調理は、
フードコーディネーター兼お料理ライターの
久保さんにお願いしました。

数あるどんぶりメニューを数日にわけて試作＆試食したわけですが、
場所はワニブックスさんの会議室に備えつけられたキッチン…。

どんぶりたちが次々とできあがる中、
わたしと編集さんだけでは
さすがに食べきれず、毎回
ワニブックスの社員さんたちに
試食隊として参加してもらったりしました。
学校の調理実習みたいに
ワイワイとにぎやかに。
好みも感想も人によってさまざまで、
おもしろかったです。いい経験でした。
みなさん、お世話になりました！

事情を知らずにとなりの会議室を使っていた方々、すみませんでした…。

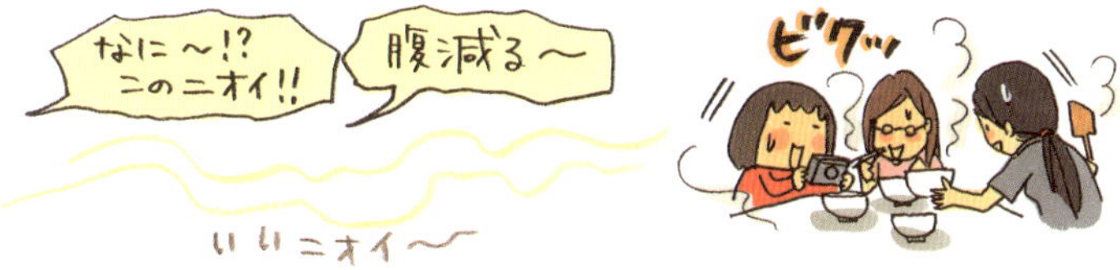
なに〜!?
このニオイ!!
腹減る〜
いいニオイ〜
ビクッ

それから、おいしいどんぶりをたっくさん作ってくれた久保さん！
本当にお疲れ様でした。手際の良さにほれぼれ。

そして、楽しくおいしい企画を考えてくれた編集の森さんをはじめ、
試食を手伝ってくれたワニブックスのみなさん、デザイナーさん、
本書にたずさわってくれたみなさんに感謝します。

最後に、本書を読んでくれたみなさま、ありがとうございました。

たかはし みき

らくウマ！どんぶりレシピ

著者　たかはし みき

2007年10月 8日　初版発行
2009年 6月 5日　3版発行

発行者　横内正昭
発行所　株式会社ワニブックス
〒150-8482
東京都渋谷区恵比寿4-4-9　えびす大黒ビル
電話　03-5449-2711（代表）
振替　00160-1-157086
印刷所　株式会社シナノ
製本所　ナショナル製本

定価はカバーに表示してあります。
落丁・乱丁の場合は小社営業部宛にお送りください。
送料は小社負担でお取替えいたします。
ただし、古書店等で購入したものに関してはお取替えできません。

ISBN978-4-8470-1738-4　Printed in Japan 2007

たかはし みきHP　http://www.h5.dion.ne.jp/~weekend/
株式会社ワニブックスHP　http://www.wani.co.jp/

STAFF
レシピ作成＆構成……久保 愛
装丁＆本文デザイン……川名 潤
編集……森 摩耶